广东省区域
创新能力评价报告

柳卸林 徐晓丹 张金水 主编

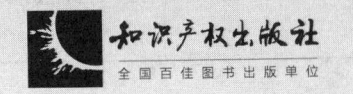

图书在版编目（CIP）数据

广东省区域创新能力评价报告 / 柳卸林，徐晓丹，张金水主编.—北京：知识产权出版社，2018.11

ISBN 978-7-5130-5890-2

Ⅰ.①广… Ⅱ.①柳…②徐…③张… Ⅲ.①区域经济发展—研究报告—广东 Ⅳ.①F127.65

中国版本图书馆 CIP 数据核字（2018）第 229681 号

内容提要

广东省作为改革开放的先行试验区，是我国最具创新活力的省份之一。本书通过大量的数据和科学的分析框架，对广东省及其所属各市的创新能力做了较为客观、动态和全面的评价，解剖了广东省的创新特点和模式，分析了广东省创新的趋势，是政府和企业进行技术创新决策的重要参考读物，适合创新领域相关研究人员及相关政府决策者阅读。

责任编辑：李 潇 刘 畅	责任校对：王 岩
封面设计：张 悦	责任印制：刘译文

广东省区域创新能力评价报告

柳卸林　徐晓丹　张金水　主编

出版发行：知识产权出版社 有限责任公司	网　　址：http://www.ipph.cn
社　　址：北京市海淀区气象路50号院	邮　　编：100081
责编电话：010-82000860转8133	责编邮箱：lixiao@cnipr.com
发行电话：010-82000860转8101	发行传真：010-82000893/82005070
印　　刷：北京嘉恒彩色印刷有限责任公司	经　　销：各大网络书店、新华书店及相关销售网点
开　　本：720mm×1000mm　1/16	印　　张：10.75
版　　次：2018年11月第1版	印　　次：2018年11月第1次印刷
字　　数：207千字	定　　价：89.00元
ISBN 978-7-5130-5890-2	

出版权专有　侵权必究

如有印装质量问题，本社负责调换。

编委会成员

主编：

柳卸林　中国科学院大学　教授　主任
徐晓丹　中国科学院科技战略咨询研究院　博士生
张金水　广东省科学技术情报研究所　主任

编委：

王颖婕　中国科学院大学经济与管理学院　博士后
田凌飞　中国科学院大学经济与管理学院　硕士生
王　曦　中国科学院大学经济与管理学院　博士生
王　蝶　中国科学院大学经济与管理学院　博士生
刘雨田　中国科学院大学经济与管理学院　硕士生
朱浪梅　中国科学院大学经济与管理学院　博士生
张伟捷　中国科学院大学经济与管理学院　硕士生
葛　爽　中国科学院大学经济与管理学院　硕士生
曾祥效　广东省科学技术情报研究所　所　长　研究员
方秀文　广东省科学技术情报研究所　副所长　研究员
伍文浩　广东省科学技术情报研究所　副主任　副研究员
廖志坚　广东省科学技术情报研究所　副主任　副研究员
幸　雯　广东省科学技术情报研究所　研究实习员
陈丽佳　广东省技术经济研究发展中心　所　长　研究员
李　奎　广东省技术经济研究发展中心　副所长　助理研究员
袁　永　广东省技术经济研究发展中心　副所长　助理研究员
李妃养　广东省技术经济研究发展中心　助理研究员
廖晓东　广东省技术经济研究发展中心　助理研究员

导　言

广东省是我国最具创新活力的省份之一。其中深圳已经成为全球闻名的创新发源地，华为、腾讯、美的、广汽集团、华大基因，已经在各自的行业领域成为创新的领导者。

作为改革开放的先行试验区，广东省在改革开放和社会主义现代化建设过程中具有十分重要的地位和作用。2018年两会期间，习近平总书记在参加广东省代表团审议时强调："发展是第一要务，人才是第一资源，创新是第一动力。要进一步解放思想、改革创新，以新的更大作为开创广东工作新局面，在构建推动经济高质量发展体制机制、建设现代化经济体系、形成全面开放新格局、营造共建共治共享社会治理格局上走在全国前列。"这为广东省当好新时代改革开放排头兵指明了道路。

广东省原本是一个缺乏国家投资的地区，是一个高校研究所资源相对缺乏的地区，但其在近40年里，依靠改革开放及不断的创新创业，从一个创新能力有限的地区上升为一只创新发展的领头雁。因此，解剖广东省的创新特点和模式、分析广东创新的走向，对分析我国创新型国家的建设及我国区域创新能力的发展前景，都具有重要的意义。广东的经济发展实践，极为深刻地阐述了创新是经济发展第一动力的重要思想。

我们在研究中发现，在广东，企业是创新的主体，研发经费内部支出额中企业资金占比近90%。企业家精神是创新的重要推动力，他们敢闯敢试，讲求实效，注重实干。市场机制是配置创新资源最重要的机制，广东创新型企业的密集程度全国最高，主要特点是沿着产业链成长起来的。开放是发现新的创新模式、提高创新效率的重要路径，是实现自主创新的前提。包容文化为鼓励创新创业和人才涌入提供了宽松、多元的创新环境。广东在创新载体培育、研发经费投入、技术转移转化方面的政策环境也更有利于创新。依靠科技投入和新兴产业，广东经济增长的潜力很大。

同时我们也看到，一是科教基础方面，广东省央属高校和科研院所资源少，因此广东正在加大对创新前端的资源投入。二是广东各地市间的区域发展协调性任务任重道远，区域之间创新能力差异大，并且差距在拉大。珠三角9市和粤东西北12市GDP在全省的占比分别为79.3%和20.7%（2016年数据），珠三角与粤东西北地区经济总量差距从2010年的28193亿元扩大到2016年50128亿元，绝对差距相当于粤东西北地区经济总量的3倍。再有，珠三角地区整体处于工业化后期，在向现代产业体系迈进；而粤东西北地区大体处于工业化中期的要素规模扩张阶段，工业化进程仍需加快。总体来看，广东省如何破解发展不平衡不充分问题仍是当前和今后一段时间的工作重点。

由于本报告是集体完成的，文字风格不尽统一，加之经验有限，仍有许多不尽如人意之处，欢迎各界批评指正。

本课题起源于广东省软科学研究项目《广东省创新驱动发展监测与区域比较研究》（项目编号：2015B070702004）的资助，项目参与单位包括广东省科学技术情报研究所、广东省技术经济研究发展中心，特此感谢。

柳卸林

2018年7月

目 录

第一篇 2018年广东省区域创新能力分析

第一章 总 论 ·· 003
 1.1 广东省创新创业能力进一步提升 ·· 003
 1.2 区域不平衡性对协调发展提出更高要求 ·· 004
 1.3 创新成为企业发展的共同选择 ·· 005

第二章 广东省区域创新能力排名 ·· 006
 2.1 综合指标排名 ·· 006
 2.2 投入指标排名 ·· 010
 2.3 产出指标排名 ·· 011
 2.4 产业升级指标排名 ··· 014
 2.5 产业创新环境排名 ··· 016
 2.6 排名变化幅度较大的地区 ·· 018

第三章 决定创新能力强弱的因素分析 ··· 021
 3.1 领先地区 ··· 021
 3.2 创新能力与经济发展、居民消费及教育水平的关系 ······················· 022
 3.3 从全社会研发经费投入金额与强度看创新能力分布 ······················· 023
 3.4 从专利申请情况看创新能力分布 ·· 023

第四章　区域创新能力评价的方法与意义 ·· 025
　4.1　区域创新能力评价的意义 ··· 025
　4.2　评价体系与分析框架 ··· 025

第二篇　区域创新能力分地市报告

第五章　各地区创新能力分析 ·· 031
　5.1　广州市 ··· 031
　5.2　深圳市 ··· 041
　5.3　珠海市 ··· 052
　5.4　汕头市 ··· 057
　5.5　佛山市 ··· 065
　5.6　韶关市 ··· 073
　5.7　河源市 ··· 078
　5.8　梅州市 ··· 084
　5.9　惠州市 ··· 089
　5.10　汕尾市 ··· 096
　5.11　东莞市 ··· 101
　5.12　中山市 ··· 111
　5.13　江门市 ··· 117
　5.14　阳江市 ··· 121
　5.15　湛江市 ··· 125
　5.16　茂名市 ··· 129
　5.17　肇庆市 ··· 134
　5.18　清远市 ··· 138
　5.19　潮州市 ··· 143
　5.20　揭阳市 ··· 149
　5.21　云浮市 ··· 157

第一篇 2018年广东省区域创新能力分析

第一章 总 论

当前,科技创新能力已经成为提高区域经济和社会发展水平、促进地区的可持续和包容性发展的关键支撑。创新创业能力在很大程度上决定了新常态、新经济下实现新旧动能转换、实现地区产业升级转型的速度与动力。因此,贯彻落实创新驱动发展战略,对广东省实现协调发展、联动增长、共同富裕具有十分重要的意义。

1.1 广东省创新创业能力进一步提升

近年来,广东省经济发展水平及区域创新能力快速提升。2017年,广东省区域创新能力超越江苏省,跃居全国第一。主要有以下几个方面的表现。

一是研发投入强度继续提高。2016年,全省研发经费支出约占GDP的2.56%,比2015年提高0.09个百分点,高于全国平均水平(2.08%),研发投入水平的不断提高也为省内科技创新在全国继续保持"领跑"创造了有利条件。技术自给率达71%,科技进步贡献率超过57%,基本达到创新型国家和地区水平。同时,各地级市对创新的重视程度越来越高,研发投入也普遍呈上升趋势。

二是专利产出全国领先。全年专利申请受理总量505667件,较去年增长42.1%;其中,发明专利申请受理量155581件,增长49.7%。全年专利授权总量259032件,较去年增长7.4%,居全国首位;其中,发明专利授权量38626件,增长15.4%。全年《专利合作条约》(PCT)国际专利申请受理量23574件,较去年增长55.2%,居全国首位。全省有效发明专利量168480件,居全国首位。

三是高新技术企业稳步提升。2016年，全省高新技术企业共有19857家，比2015年增加8752家，增长高达78.8%；高新技术产品产值6.1万亿元，增长13.0%。

四是开放水平不断增强。自贸试验区新设企业7.6万家,合同利用外资520亿美元、增长1.3倍。与"一带一路"沿线国家和地区互联互通水平提升，境外合作园区建设加快，对沿线国家进出口增长6.5%，实际投资增长65.3%，国际产能合作加强。吸收欧美发达国家实际投资增长14.1%。驻外经贸代表处全球网络布局进一步完善。2016年，省内高水平大学、高水平理工科大学和重点学科建设加快，参建高校有48个学科进入全球ESI排名前1%，开放型创新体系日趋完善。

五是创新创业载体不断丰富。2016年，国家大科学装置建设扎实推进，累计建成产业技术创新联盟204家、新型研发机构180家、国家级质检中心75家。推动专业镇创新发展，新建专业镇协同创新中心6家。大众创业、万众创新活力迸发，国家和省"双创"示范基地建设进展顺利，新增国家级小型微型企业创业创新示范基地6家。科技企业孵化器达634家，提前实现倍增计划，在孵企业超过2.6万家。推进"互联网+双创""四众"平台创新发展，众创空间达500家。

1.2 区域不平衡性对协调发展提出更高要求

区域发展不平衡、不协调始终是广东一个非常突出的问题。

一是领先地区创新优势明显。以深圳、广州为龙头的珠三角地区的发展速度、经济规模大幅领先于粤东西北地区。同样，研发投入、专利产出、高技术企业培育、企业创新创业氛围活力等创新创业能力方面珠三角也均处于领先地位。

二是粤东西北地区虽然也有很大改观，交通有了很大进步，但整体增速仍偏慢，对创新创业的响应能力还不足。需要进一步加强从珠三角地区、省外及国外引进先进生产力，鼓励企业创新，提高企业创新活力，加速产业升级和产业结构调整，并加强地区配套环境建设。

三是转型地区创新发展压力较大。传统工业发展模式越来越难以为继，人才吸引存在困难，新旧动能转化过程中加强环境保护也面临巨大压力。转型中面临改善社会环境、提高人口素质、改变传统观念等问题，政府应避免短视行为，清醒意识到转型是一个需要长期坚持不懈推动的过程。

1.3 创新成为企业发展的共同选择

创新是企业在激烈的市场竞争中的生存之道,是企业获得长期领先优势、在市场竞争中立于不败之地的法宝。企业创新主体地位能否确立、主导作用能否发挥,很大程度上决定了创新驱动战略的成败。凡是经济发展得好、发展得稳的地区,必定是企业活跃度高的地方。

2016年,广东研发经费投入以规模以上工业企业投入为主体。广东工业企业研发投入继续保持较快增长态势,2016年全省工业企业研发经费投入1676.27亿元,增长10.2%,占全省研发经费投入的82.4%。设有研发机构的工业企业有9695家,增长93.8%,覆盖率达22.7%,同比提高10.8个百分点。2017年广东省技术合同成交额达949亿元,由全国第5位跃升到第3位,其中企业的成交金额占全省总额的93%,充分体现了企业技术创新成果和技术输出能力。

但是,与自身经济大省地位相比,广东在原始创新、成果转化方面还存在不少薄弱环节,创新动力不足,创新体系整体效能不高,因而需要增强创新驱动发展的紧迫感。

第二章 广东省区域创新能力排名

2.1 综合指标排名

2016年广东省创新能力综合排名如图2-1所示,深圳、广州、珠海位居前三,排名前七位的城市依次是深圳、广州、珠海、东莞、中山、佛山和惠州。

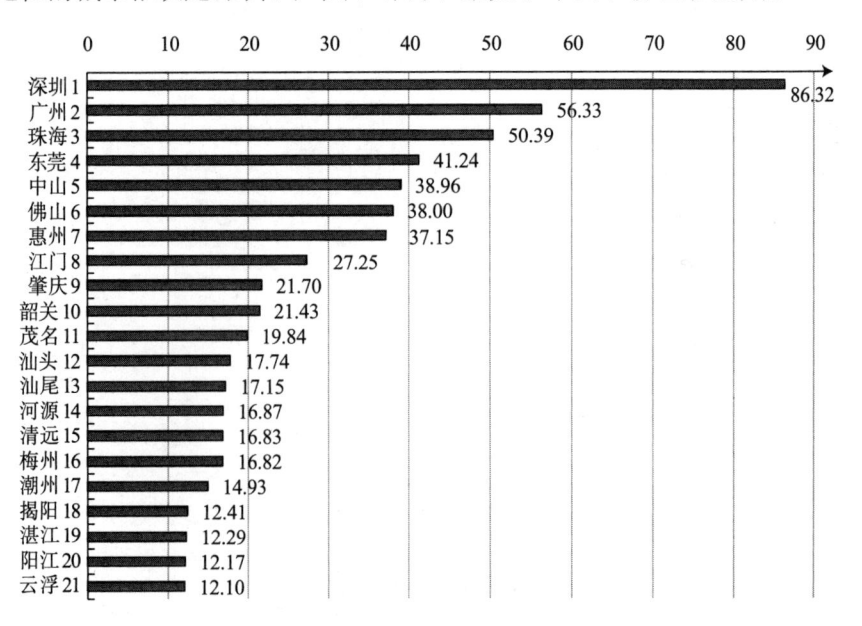

排名	城市	指标值
1	深圳	86.32
2	广州	56.33
3	珠海	50.39
4	东莞	41.24
5	中山	38.96
6	佛山	38.00
7	惠州	37.15
8	江门	27.25
9	肇庆	21.70
10	韶关	21.43
11	茂名	19.84
12	汕头	17.74
13	汕尾	17.15
14	河源	16.87
15	清远	16.83
16	梅州	16.82
17	潮州	14.93
18	揭阳	12.41
19	湛江	12.29
20	阳江	12.17
21	云浮	12.10

图 2-1 2016年各市创新能力综合指标值

从各市创新能力排名变化情况看，2016年排名上升的地区有8个，分别是汕头、佛山、河源、梅州、汕尾、中山、肇庆和揭阳，上升幅度最大的地区是汕尾，上升了7位；排名下降的地区也有7个，包括韶关、惠州、阳江、湛江、茂名、清远和潮州，下降幅度最大的地区是湛江，下降了5位（表2-1）。

表2-1 各市创新能力排名及变化

地区	2016年排名	2015年排名	排名变化
广州	2	2	0
深圳	1	1	0
珠海	3	3	0
汕头	12	13	1
佛山	6	7	1
韶关	10	9	−1
河源	14	15	1
梅州	16	17	1
惠州	7	5	−2
汕尾	13	20	7
东莞	4	4	0
中山	5	6	1
江门	8	8	0
阳江	20	18	−2
湛江	19	14	−5
茂名	11	10	−1
肇庆	9	11	2
清远	15	12	−3
潮州	17	16	−1
揭阳	18	19	1
云浮	21	21	0

一般来说，创新能力较强的地区，其创新动力是多元的，且保持了相对的稳定性。在经济下行压力持续加大和转型发展需求迫切的背景下，传统的投资驱动的发展模式越来越难以为继，珠江三角洲地区的城市要加快产业转型升级，发展新经济，继续扩大对研发的投入，不断提高创新能力。从地区分布来看，珠江三角洲是创新能力最强的地区，排名前三位（深圳、广州、珠海）的城市均属于珠江三角洲地区。其中，深

圳连续两年排名第1位。尽管2016年排名上升2位,肇庆市的创新能力在珠江三角洲地区排名依然落后。

广东省东翼是指汕头、潮州、揭阳、汕尾四个地级市,位于广东省东部沿海,是广东省的"东大门"。在这4个城市中,汕头排名相对靠前且变化不大,居全省中游。汕尾市排名变化很大,提升了7位,也处于全省中游。

广东省西翼是指湛江、茂名和阳江三市,相较于2015年,三市2016年的排名均有所下降,特别是湛江市,排名下降了5位。

广东省山区5市是指韶关、梅州、清远、河源和云浮,其中排名最靠前的是韶关市,排名处于广东省中上游;云浮市连续两年排全省最后1位,创新能力亟待加强(表2-2)。

表2-2 区域内各市创新能力排名比较

区域	城市	2016年排名	2015年排名
珠江三角洲	广州	2	2
	深圳	1	1
	佛山	6	7
	珠海	3	3
	东莞	4	4
	中山	5	6
	惠州	7	5
	江门	8	8
	肇庆	9	11
东翼	汕头	12	13
	潮州	17	16
	揭阳	18	19
	汕尾	13	20
西翼	湛江	19	14
	茂名	11	10
	阳江	20	18
山区	韶关	10	9
	梅州	16	17
	清远	15	12
	河源	14	15
	云浮	21	21

从一级指标看，2016年深圳市投入综合指标值为100，排名全省首位，远高于其他地区，广州市、佛山市分列第2位、第3位，珠海市和中山市紧随其后；产出指标最高的也是深圳，效用值为100，珠海市、东莞市分列第2位、第3位，惠州、广州紧随其后；产业升级方面，深圳市依然排名第1位，效用值为88.67，广州市、东莞市分列第2位、第3位，珠海市、韶关市紧随其后；产业创新环境方面，广州市排名第1位，效用值为63.65，珠海市、深圳市分列第2位、第3位，中山市、佛山市紧随其后。总体来看，深圳市创新能力遥遥领先于其他地区（表2-3）。

表2-3 2016年各市创新能力综合指标

地区	综合值 效用值	综合值 排名	投入 效用值	投入 排名	产出 效用值	产出 排名	产业升级 效用值	产业升级 排名	产业创新环境 效用值	产业创新环境 排名
权重	1		0.25		0.3		0.2		0.25	
广州	56.33	2	57.39	2	31.94	5	82.45	2	63.65	1
深圳	86.32	1	100	1	100	1	88.67	1	54.34	3
珠海	50.39	3	49.28	4	45.46	2	50.29	4	57.48	2
汕头	17.74	12	14.01	11	7.36	15	42.19	14	14.36	16
佛山	38	6	51.62	3	20.37	8	47.65	6	37.8	5
韶关	21.43	10	18.8	9	10.52	12	48.16	5	15.77	13
河源	16.87	14	0.17	21	13.46	11	44.3	10	15.73	14
梅州	16.82	16	2.3	20	10.16	13	43.04	13	18.34	18
惠州	37.15	7	35.94	7	40.46	4	43.34	11	29.43	9
汕尾	17.15	13	7.45	14	21.62	7	37.38	17	5.29	21
东莞	41.24	4	38.11	6	40.81	3	60.44	3	29.51	8
中山	38.96	5	49.01	5	22.68	6	46.2	8	42.64	4
江门	27.25	8	27.35	8	17.83	9	45.66	9	23.74	10
阳江	12.17	20	6.5	15	0.84	21	31.4	20	16.05	12
湛江	12.29	19	2.73	19	2.73	20	9.41	21	35.61	6
茂名	19.84	11	8.28	13	4.04	18	43.09	12	31.74	7
肇庆	21.7	9	15.79	10	17.26	10	37.5	16	20.3	11
清远	16.83	15	3.9	17	9.64	14	46.51	7	14.63	15
潮州	14.93	17	9.79	12	6.82	16	39.55	15	10.1	20
揭阳	12.41	18	3.91	16	4.89	17	34.13	19	12.54	16
云浮	12.1	21	2.83	18	3.45	19	37.25	18	11.61	19

2.2 投入指标排名

本报告中将区域创新能力分解为投入、产出、产业升级和产业创新环境4个指标，上文已经对各市一级指标排名情况进行了分析，下面对各市二级指标排名情况进行分析。表2-4反映了2016年各市投入指标下二级指标的排名情况。

表2-4 2016年各市投入具体指标排名

地区	投入	全社会研发经费支出与GDP之比	每万名就业人员中研发人员数量	规模以上工业企业研发经费支出占主营业务收入比重	知识产权专项经费投入
广州	2	5	6	2	2
深圳	1	1	1	1	1
珠海	4	2	4	4	5
汕头	11	13	11	15	4
佛山	3	6	3	7	3
韶关	9	9	10	5	14
河源	21	20	19	21	21
梅州	20	21	21	16	15
惠州	7	7	5	9	9
汕尾	14	12	13	12	19
东莞	6	3	7	8	6
中山	5	4	2	3	8
江门	8	8	8	6	10
阳江	15	11	18	13	18
湛江	19	19	20	18	11
茂名	13	15	14	10	13
肇庆	10	10	9	11	12
清远	17	18	15	17	17
潮州	12	14	12	14	7
揭阳	16	16	16	19	16
云浮	18	17	17	20	20

从表2-4中可以看出，在2016年的投入指标排名中，深圳市位居第1名，广州市位列第2名，佛山市、珠海市和中山市分列第3名、第4名和第5名。下面对各项分指标的排名情况进行具体分析。

在全社会研发经费支出与GDP之比方面，深圳市位居第1名，珠海市、东莞市分别位列第 2 名和第 3 名，第 4 名到第 6 名分别为中山市、广州市与佛山市。全社会研发经费支出与 GDP 之比的排名低于其投入排名的地区按名次差距大小（≥3）依次为佛山市（7/3）和广州市（5/2）；全社会研发经费支出与 GDP 之比的排名高于其投入排名的地区按名次差距大小（≥3）为阳江市（11/15）；其余地区的全社会研发经费支出与 GDP 之比的排名与其投入排名差距小于 3 位。

在每万名就业人员中研发人员数量方面，深圳市位居第 1 名，中山市、佛山市分别位列第 2 名和第 3 名，第 4 名到第 6 名分别为珠海市、惠州市与广州市。每万名就业人员中研发人员数量的排名低于其投入排名的地区按名次差距大小（≥3）依次为广州市（6/2）和阳江市（18/15）；每万名就业人员中研发人员数量的排名高于其投入排名的地区按名次差距大小（≥3）为中山市（2/5）；其余地区的每万名就业人员中研发人员数量的排名与其投入排名差距小于 3 位。

在规模以上工业企业研发经费支出占主营业务收入比重方面，深圳市位居第 1 名，广州市和中山市分别位列第 2 名和第 3 名，第 4 名到第 6 名分别为珠海市、韶关市与江门市。规模以上工业企业研发经费支出占主营业务收入比重的排名低于其投入排名的地区按名次差距大小（≥3）为佛山市（7/3）、汕头市（15/11）和揭阳市（19/16）；规模以上工业企业研发经费支出占主营业务收入比重的排名高于其投入排名的地区按名次差距大小（≥3）依次为韶关市（5/9）、梅州市（16/20）和茂名市（10/13）；其余地区的规模以上工业企业研发经费支出占主营业务收入比重的排名与其投入排名差距小于 3 位。

在知识产权专项经费投入方面，深圳市位居第 1 名，广州市、佛山市分别位列第 2 名和第 3 名，第 4 名到第 6 名分别为汕头市、珠海市与东莞市。知识产权专项经费投入的排名低于其投入排名的地区按名次差距大小（≥3）依次为韶关市（14/9）、汕尾市（19/14）、中山市（8/5）和阳江市（18/15）；知识产权专项经费投入的排名高于其投入排名的地区按名次差距大小（≥3）依次为湛江市（11/19）、汕头市（4/11）、潮州市（7/12）和梅州市（15/20）；其余地区的知识产权专项经费投入的排名与其投入排名差距小于 3 位。

2.3 产出指标排名

表 2-5 反映了 2016 年广东省各市产出指标下二级指标的排名情况。

表 2-5 2016 年各市产出具体指标排名

地区	产出	万人有效发明专利拥有量	PCT专利申请数占全省PCT专利申请量的比重	高技术制造业增加值占规模以上工业比重	新产品销售收入占主营业务收入比重	单位规模以上工业企业拥有研发人员数量
广州	5	3	2	9	5	2
深圳	1	1	1	1	1	1
珠海	2	2	6	5	2	4
汕头	15	9	9	16	13	15
佛山	8	5	4	14	9	5
韶关	12	12	10	17	12	9
河源	11	20	14	4	16	19
梅州	13	15	14	8	14	14
惠州	4	7	5	2	4	3
汕尾	7	19	21	6	7	10
东莞	3	4	3	3	3	7
中山	6	6	7	7	10	6
江门	9	8	8	13	6	11
阳江	21	21	19	20	21	18
湛江	20	14	19	21	17	17
茂名	18	18	13	19	19	13
肇庆	10	11	11	11	8	8
清远	14	13	14	18	11	12
潮州	16	10	17	15	15	16
揭阳	17	16	12	10	18	21
云浮	19	17	17	12	20	20

从表2-5中可以看出，在2016年的产出指标排名中，深圳市位居第1名，珠海市位列第2名，东莞市、惠州市和广州市分列第3名、第4名和第5名。下面对各项分指标的排名情况进行具体分析。

在万人有效发明专利拥有量方面，深圳市位居第1名，珠海市、广州市分别位列第2名和第3名，第4名到第6名分别为东莞市、佛山市与中山市。万人有效发明专利拥有量的排名低于其产出排名的地区按名次差距大小（≥3）依次为汕尾市（19/7）、河源市（20/11）和惠州市（7/4）；万人有效发明专利拥有量的排名高于其产出排名的地区按名次差距大小（≥3）依次为汕头市（9/15）、湛江市（14/20）、潮州市（10/16）和佛山市（5/8）；其余地区的万人有效发明专利拥有量的排名与其产出排名差距小于3位。

在PCT专利申请数占全省PCT专利申请量的比重方面，深圳市独占鳌头，PCT申请比例占全省总数的83.35%，广州市、东莞市分别位列第2名和第3名，第4名到第6名分别为佛山市、惠州市和珠海市。PCT专利申请数占全省PCT专利申请量的比重的排名低于其产出排名的地区按名次差距大小（≥3）依次为汕尾市（21/7）、珠海市（6/2）和河源市（14/11）；PCT专利申请数占全省PCT专利申请量的比重的排名高于其产出排名的地区按名次差距大小（≥3）依次为汕头市（9/15）、茂名市（13/18）、揭阳市（12/17）、佛山市（4/8）和广州市（2/5）；其余地区的PCT专利申请数占全省PCT专利申请量的比重的排名与其产出排名差距小于3位。

在高技术制造业增加值占规模以上工业比重方面，深圳市位居第1名，惠州市、东莞市分别位列第2名和第3名，第4名到第6名分别为河源市、珠海市与汕尾市。高技术制造业增加值占规模以上工业比重的排名低于其产出排名的地区按名次差距大小（≥3）依次为佛山市（14/8）、韶关市（17/12）、广州市（9/5）、江门市（13/9）、清远市（18/14）和珠海市（5/2）；高技术制造业增加值占规模以上工业比重的排名高于其产出排名的地区按名次差距大小（≥3）依次为河源市（4/11）、揭阳市（10/17）、云浮市（12/19）和梅州市（8/13）；其余地区的高技术制造业增加值占规模以上工业比重的排名与其产出排名差距小于3位。

在新产品销售收入占主营业务收入比重方面，深圳市位居第1名，珠海市、东莞市分别位列第2名和第3名，第4名到第6名分别为惠州市、广州市与江门市。新产品销售收入占主营业务收入比重的排名低于其产出排名的地区按名次差距大小（≥3）依次为河源市（16/11）和中山市（10/6）；新产品销售收入占主营业务收入比重的排名高于其产出排名的地区按名次差距大小（≥3）依次为江门市（6/9）、湛江市（17/20）和清远市（11/14）；其余地区的新产品销售收入占主营业务收入比重的排名与其产出排名差距小于3位。

在单位规模以上工业企业拥有研发人员数量方面，深圳市位居第1名，广州市、惠州市分别位列第2名和第3名，第4名到第6名分别为珠海市、佛山市与中山市。单位规模以上工业企业拥有研发人员数量的排名低于其产出排名的地区按名次差距大小（≥3）依次为河源市（19/11）、揭阳市（21/17）、东莞市（7/4）和汕尾市（10/7）；单位规模以上工业企业拥有研发人员数量的排名高于其产出排名的地区按名次差距大小（≥3）依次为茂名市（13/18）、广州市（2/5）、佛山市（5/8）、韶关市（9/12）、阳江市（18/21）和湛江市（17/20）；其余地区的单位规模以上工业企拥有研发人员数量的排名与其产出排名差距小于3位。

2.4 产业升级指标排名

2.4.1 第三产业占GDP比重

2016年广东省各市第三产业占GDP比重如表2-6所示，排名前十位的地区依次是广州、深圳、东莞、韶关、珠海、清远、中山、河源、梅州和江门。汕头的名次由2015年的第10名下降至2016年的第11名。

表2-6 2016年各地区第三产业占GDP比重（%）

名次	地区	第三产业占GDP比重	名次	地区	第三产业占GDP比重
1	广州	69.35	12	茂名	43.32
2	深圳	60.05	13	湛江	42.60
3	东莞	53.17	14	阳江	41.78
4	韶关	49.60	15	潮州	41.32
5	珠海	49.54	16	惠州	41.12
6	清远	47.97	17	汕尾	39.84
7	中山	45.50	18	佛山	38.69
8	河源	45.23	19	云浮	38.46
9	梅州	44.90	20	肇庆	36.83
10	江门	44.61	21	揭阳	34.88
11	汕头	44.34			

前十名的地市中，珠海超过清远，名次对调，中山超过梅州、江门，上升2位，河源排名由2015年的13名升至第8名，梅州、江门名次都有下降，分别下降1位、3位。

2.4.2 先进制造业增加值

2016年广东省各市先进制造业增加值如表2-7所示，排名前十位的地区依次是深圳、广州、佛山、东莞、惠州、中山、珠海、茂名、江门、湛江。肇庆的名次由2015年的第10名下降至2016年的第11名。湛江超过肇庆，进入前十名。

表 2-7　2016 年各地区先进制造业增加值（单位：亿元）

名次	地区	先进制造业增加值	名次	地区	先进制造业增加值
1	深圳	5274.73	12	揭阳	183.68
2	广州	2436.11	13	河源	170.7
3	佛山	1570.29	14	汕头	107.14
4	东莞	1505.2	15	韶关	106.07
5	惠州	1080.25	16	清远	76.03
6	中山	480.49	17	汕尾	63.9
7	珠海	472.31	18	阳江	58.6
8	茂名	471.69	19	梅州	49.25
9	江门	458.46	20	云浮	47.98
10	湛江	311.3	21	潮州	36.18
11	肇庆	300.52			

2.4.3　单位 GDP 能耗增长速度

表 2-8　2016 年各地区单位 GDP 能耗增长速度（%）

名次	地区	单位GDP能耗增长速度	名次	地区	单位GDP能耗增长速度
1	佛山	-6.63	12	珠海	-3.94
2	肇庆	-5.35	13	中山	-3.89
3	广州	-4.96	14	韶关	-3.81
4	云浮	-4.76	15	梅州	-3.8
5	东莞	-4.65	16	汕尾	-3.01
6	江门	-4.52	17	汕头	-3
7	揭阳	-4.43	18	茂名	-2.82
8	深圳	-4.21	19	惠州	-1.52
9	河源	-4.08	20	阳江	7.16
10	潮州	-4.07	21	湛江	38.35
11	清远	-4.04			

2016 年广东省各市单位 GDP 能耗增长速度如表 2-8 所示。排名前十位的地区依次是佛山、肇庆、广州、云浮、东莞、江门、揭阳、深圳、河源、潮州。此项指标排名变化较大，韶关、清远、茂名、惠州、汕头、梅州共 6 个地市排名跌出前十名。

前十名的地市中，佛山上升 10 位，跃居第一，肇庆上升 11 位，紧随佛山之后，

广州、云浮、深圳、河源分别上升9位、14位、9位、6位，进入前十名。

2.5 产业创新环境排名

2.5.1 科技支出占财政支出比例

2016年广东省各市科技支出占财政支出比例如表2-9所示，排名前十位的地区依次是深圳、珠海、中山、广州、佛山、东莞、惠州、江门、汕头、河源。云浮、韶关名次下降3名，分别由2015年的第9名、第10名下降至2016年的第12名、第13名。

前十名的地市中，珠海超过深圳，名次对调，中山、佛山上升2位，东莞、惠州分别下降3位、1位，汕头由2015年第14位上升到第9位，进入前十名。

表2-9 2016年各地区科技支出占财政支出比例（%）

名次	地区	科技支出占财政支出比例	名次	地区	科技支出占财政支出比例
1	深圳	9.58	12	云浮	1.73
2	珠海	8.45	13	韶关	1.73
3	中山	7.58	14	肇庆	1.70
4	广州	5.81	15	清远	1.64
5	佛山	5.02	16	潮州	1.34
6	东莞	4.66	17	揭阳	1.26
7	惠州	4.29	18	湛江	1.21
8	江门	3.23	19	阳江	1.00
9	汕头	1.90	20	梅州	0.92
10	河源	1.84	21	茂名	0.44
11	汕尾	1.78			

2.5.2 全员劳动生产率

2016年广东省各市全员劳动生产率如表2-10所示，排名前十位的地区依次是湛江、茂名、广州、肇庆、阳江、佛山、珠海、深圳、揭阳、江门。惠州的名次由2015年的第10名下降至2016年的第13名。

前十位的地市中，肇庆超过阳江，名次对调，珠海上升1位，深圳由2015年的

11 位上升至第 8 位，揭阳、江门分别下降 2 位、1 位。

表 2-10 2016 年各地区全员劳动生产率（单位：元／人）

名次	地区	劳动生产率	名次	地区	劳动生产率
1	湛江	540396	12	韶关	209694
2	茂名	537292	13	惠州	206508
3	广州	328067	14	河源	202149
4	肇庆	286947	15	梅州	201919
5	阳江	276225	16	云浮	183924
6	佛山	275081	17	汕头	180302
7	珠海	239204	18	潮州	173936
8	深圳	229008	19	中山	152162
9	揭阳	228880	20	东莞	118291
10	江门	224063	21	汕尾	104271
11	清远	211870			

2.5.3 科研机构数

表 2-11 2016 年各地区科研机构数（单位：个）

名次	地区	科研机构数	名次	地区	科研机构数
1	广州	105	12	江门	9
2	湛江	22	13	东莞	8
3	惠州	22	14	珠海	7
4	韶关	17	15	深圳	6
5	茂名	16	16	汕尾	6
6	河源	16	17	云浮	5
7	肇庆	15	18	佛山	4
8	梅州	15	19	潮州	4
9	清远	11	20	中山	3
10	汕头	11	21	阳江	3
11	揭阳	10			

2016 年广东省各市科研机构数如表 2-11 所示，排名前十位的地区依次是广州、湛江、惠州、韶关、茂名、河源、肇庆、梅州、清远、汕头。前十位地区与 2015 年一致。前十位地市中，湛江超过惠州，名次对调。

2.5.4 每千人企业数

2016年广东省各市每千人企业数如表2-12所示，排名前十位的地区依次是珠海、中山、深圳、东莞、佛山、广州、惠州、江门、阳江、汕头。前十位地区与2015年一致。

前十位的地市中，中山超过深圳，名次对调，东莞、佛山皆超过广州，上升1位，江门超过阳江，名次对调。

表2-12 2016年各地区每千人企业数（单位：个）

名次	地区	每千人企业数	名次	地区	每千人企业数
1	珠海	36.83	12	梅州	5.77
2	中山	27.37	13	河源	5.61
3	深圳	25.96	14	清远	5.51
4	东莞	24.42	15	肇庆	5.28
5	佛山	20.52	16	韶关	5.19
6	广州	20.33	17	云浮	4.92
7	惠州	11.99	18	茂名	4.54
8	江门	11.03	19	湛江	4.20
9	阳江	7.41	20	揭阳	2.65
10	汕头	6.98	21	汕尾	2.15
11	潮州	6.08			

2.6 排名变化幅度较大的地区

2.6.1 汕尾市（20→13）

表2-13 2015—2016年汕尾市创新能力排名变化

年份	综合排名	投入	产出	产业升级	产业创新环境
2015	20	12	7	21	21
2016	13	14	7	17	21

2016年汕尾市创新能力全省排名第13位，相比上年排名上升7位，创新能力提升较为明显，如表2-13所示。分指标分析，投入排名第14位，下降2位；产出排名第7位，指标值略有增加，排名不变；产业升级排名第17位，提升4位；产业创新环境

依然排名最后,第21位。

从基础指标看,投入方面,除知识产权专项经费投入较为落后外,汕尾市的其他科研投入均在全省排第12位。产出方面,由于高新技术制造业增加值占规模以上工业比重和新产品销售收入占主营业务上升4位,汕尾市产出整体情况较好,这主要是因为产业升级排名提升,特别是单位GDP能耗增长速度这一指标的下降。产业创新环境方面,尽管指标值略有增加,但排名仍居末位,尤其是全员社会劳动生产率相对较低、每千人拥有企业数量少于其他地市。由此可以看出,汕尾市创新产出和产业升级工作成效显著,大幅带动了整体创新能力的提升,下一步应在保持当前良好态势的前提下,加快创新更优质的产业创新环境。

2.6.2 清远市(12→15)

表2-14 2015—2016年清远市创新能力排名变化

年份	综合排名	投入	产出	产业升级	产业创新环境
2015	12	16	12	5	19
2016	15	17	14	7	15

表2-14表明2016年清远市创新能力排名为第15位,相比上年下降3位,创新整体能力有所下降。从一级指标来看,清远市投入、产出、产业升级方面均有所下降。其中,投入下降1位,产出下降2位,产业升级下降2位。产业创新环境排名第15位,提升4位。

从基础指标看,在投入方面,经费、人员等各项指标均出现下降。在产出方面,除PCT专利申请数占全省PCT专利申请量的比重排名上升较大外,其他指标基本与2015年持平。投入和产出成效不足,使得清远市创新综合排名下降。在产业升级方面,指标值和排名虽然有小幅下降,但排名较为靠前,说明清远市近年来也在不断坚持和推动产业升级,并取得良好效果,先进制造业增加值提升,但单位GDP能耗增长速度表现不尽如人意。在产出创新环境方面,科技支出占财政总支出比例和全员劳动生产率排名上升较大,分别上升3位、4位,带动了产业环境的提升。

2.6.3 湛江市(14→19)

表2-15 2015—2016年湛江市创新能力排名变化

年份	综合排名	投入	产出	产业升级	产业创新环境
2015	14	18	21	17	8
2016	19	19	20	21	6

表2-15表明2016年湛江市创新生态全省排名第19位,相比上年下降5位,分项指标排名如表2-15所示。其中,投入排名第19位,下降1位;产出排名第20位,上升1位;产业升级排名第21位,下降4位;产业创新环境排名第6位,提升2位。

从基础指标看,在投入方面,湛江市在知识产权专项经费投入方面出现小幅下滑,下降1位,其他指标相对稳定,但投入整体情况在全省还处于落后位置,对创新投入的力度和重视程度还有待加强。在产出方面,PCT专利申请数占全省PCT专利申请量的比重下降较大,下降6位,产出在全省仍居落后位置。在产业升级方面,下降至全省末位,先进制造业增加值指标相对较好,处于省内中游,但单位GDP能耗增长速度依然居高不下,应在地区发展的同时注意到环境的重要性。在产出创新环境方面,湛江排名靠前,全员劳动生产率排名连续两年广东省第1名,科研机构数排名在省内领先,但其他指标排名靠后,体现了在创新环境方面湛江市发展得不均衡。

第三章 决定创新能力强弱的因素分析

3.1 领先地区

在各具特色、多样发展的同时,创新能力领先的地区普遍具有相对落后地区所不具备的创新要素。例如,经济和科技基础较好;教育资源丰富且高等教育发达;市场经济相对成熟;对外开放程度较高,吸引外资较多;企业创新动力足,研发投入较高;创新基础设施完善;产学研合作水平较高。这些要素通过适合当地特点的学习和创新机制,相互促进和加强,共同造就了这些地区较强的创新能力。

3.1.1 深圳

2016年深圳市创新能力居全省第1位,在全国也处于领先水平。从指标体系来看,创新投入、创新产出、产业升级在广东省均处于遥遥领先的地位。从具体指标来看,全社会研发经费支出与GDP之比、研发人员数量、规模以上工业企业研发经费占比、专利产出、高技术制造业增加值占比等与创新联系紧密的指标位居省内第1名,政府科技支出占财政总支出的比重也位居省内第1名,可见深圳市政府对科技创新的重视。深圳崛起的背后,与其率先进行科技创新、产业发展和升级等方面的改革密不可分。2011年后,深圳全面加快产业转型升级,从"深圳速度"向"深圳质量"转变,推动战略性新兴产业规模化、高技术产业高端化、优势传统产业品牌化,构建了以"高、新、软、优"为特征的现代产业体系。同时,深圳在加快布局生命健康、海洋经济、航空航天、机器人、可穿戴设备和智能装备等未来产业。深圳市政府对创新给予极大的鼓励和支持，加强科技、教育与研发的投入，注重产学研的融合及科技成果转化，提高创业效率，提升创新能力。

3.1.2 广州

2016 年，广州市创新能力居广东省第 2 位。从指标体系来看，广州市创新环境最好，位列省内第 1 名，其次是产业升级，位列全省第 2 名，仅次于深圳，投入和产出也位居省内前五名。从具体指标来看，第三产业增加值占 GDP 的比重、科研机构数量位居省内第 1 名；规模以上工业企业研发经费支出比重、PCT 专利申请比重、规模以上企业研发人员数、先进制造业增加值等指标位列全省第 2 名，其他创新相关指标排名也位居前列。近年来，广州市深入实施创新驱动发展战略，新动能快速成长，创新主体蓬勃发展，创新载体不断壮大，创新生态发展势头良好。广州市重视创新载体的培育，近年来科技创新企业规模不断增加，总数达 12.7 万家以上，建设形成了"创业苗圃—孵化器—加速器—科技园"的完整创业孵化链条，并探索出"企业孵化 + 创业导师 + 天使投资"的创新模式。广州具有包容的历史文化底蕴和充满活力的市场环境，有创新土壤和宜居舒适便利的生活环境，政府大力支持创新，对创业者具有巨大吸引力，这些使广州成为创新的沃土。

3.2 创新能力与经济发展、居民消费及教育水平的关系

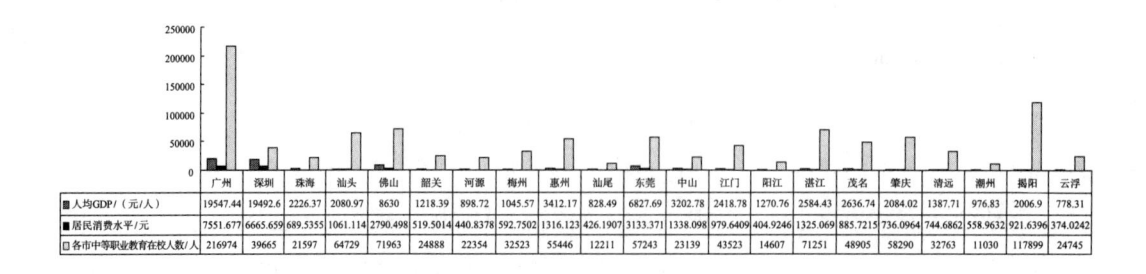

	广州	深圳	珠海	汕头	佛山	韶关	河源	梅州	惠州	汕尾	东莞	中山	江门	阳江	湛江	茂名	肇庆	清远	潮州	揭阳	云浮
人均GDP/（元/人）	19547.44	19492.6	2226.37	2080.97	8630	1218.39	898.72	1045.57	3412.17	828.49	6827.69	3202.78	2418.78	1270.76	2584.43	2636.74	2084.02	1387.71	976.83	2006.9	778.31
居民消费水平/元	7551.677	6665.659	689.5355	1061.114	2790.498	519.5014	440.8378	592.7502	1316.123	426.1907	3133.371	1338.098	979.6409	404.9246	1325.069	885.7215	736.0964	744.6862	558.9632	921.6396	374.0242
各市中等职业教育在校人数/人	216974	39665	21597	64729	71963	24888	22354	32523	55446	12211	57243	23139	43523	14607	71251	48905	58290	32763	11030	117899	24745

图 3-1 创新能力与经济发展、居民消费及教育水平的关系

地区的创新能力与该地区的经济发展、居民消费及教育水平有着密切关系。由图 3-1 看出，无论是反映经济发展水平的人均国内生产总值和居民消费水平，还是反映教育水平的人口学历指标，创新能力领先的地区一般要高于相对落后的地区。这是地区历史积累和已有创新的结果，也是今后创新的基础和起点。这些因素在提升该区域

创新能力中的作用有时甚至会高于科技的投入。

3.3 从全社会研发经费投入金额与强度看创新能力分布

在广东创新驱动发展战略带动下，政府、科研机构、高校和企业等全面加大研发投入，全省研发经费投入突破 2000 亿元大关。但是珠三角地区与粤西、粤北等地区的研发投入差异性较大。因此，应推动珠三角发达地区与粤东西北不发达地区之间的产业转移，形成全省区域经济联动发展之势，如图 3-2 所示。

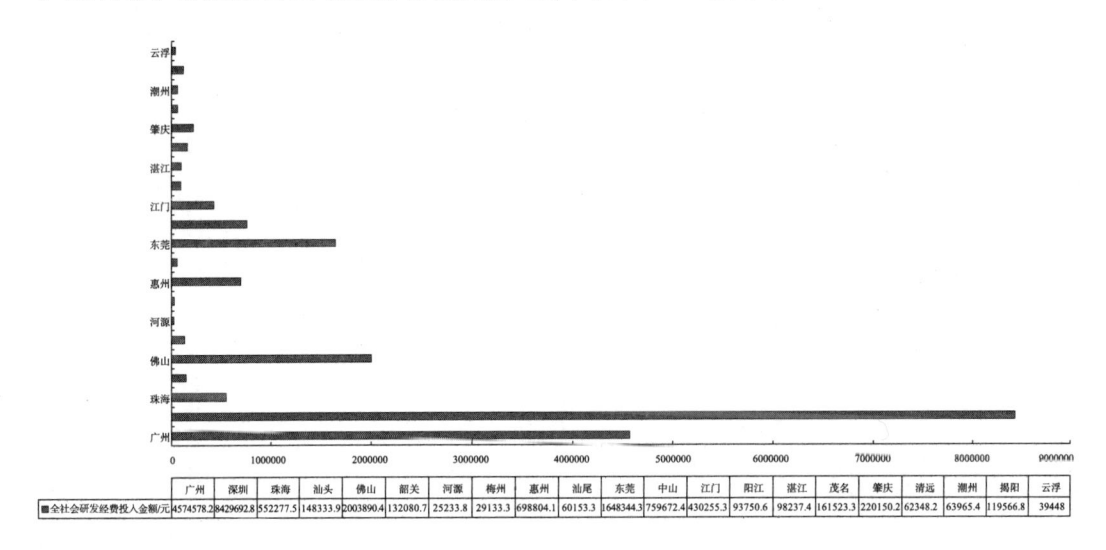

	广州	深圳	珠海	汕头	佛山	韶关	河源	梅州	惠州	汕尾	东莞	中山	江门	阳江	湛江	茂名	肇庆	清远	潮州	揭阳	云浮
全社会研发经费投入金额/元	4574578.2	8429692.8	552277.5	148333.9	2003890.4	132080.7	25233.8	29133.3	698804.1	60153.3	1648344.3	759672.4	430255.3	93750.6	98237.4	161523.3	220150.2	62348.2	63965.4	119566.8	39448

图 3-2 从全社会研发经费投入金额与强度看创新能力分布

3.4 从专利申请情况看创新能力分布

创新能力领先的地区在专利申请数量方面也具有领先优势，如图 3-3 所示。珠三角地区与粤西、粤北等地区的申请专利受理和授权数量差异较大，主要原因还在于珠三角地区与粤西、粤北等地区的研发投入差异较大。

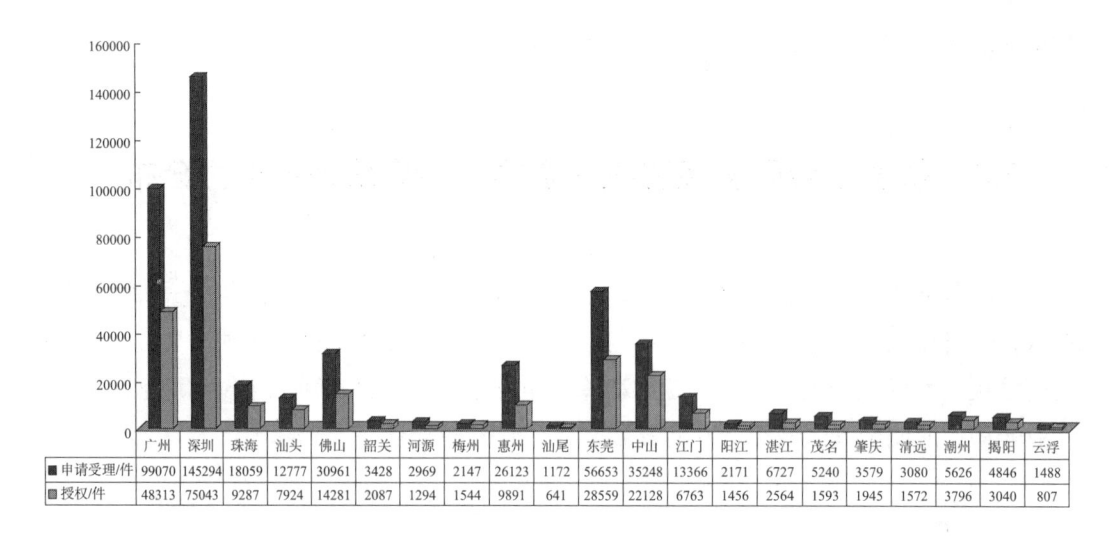

	广州	深圳	珠海	汕头	佛山	韶关	河源	梅州	惠州	汕尾	东莞	中山	江门	阳江	湛江	茂名	肇庆	清远	潮州	揭阳	云浮
■申请受理/件	99070	145294	18059	12777	30961	3428	2969	2147	26123	1172	56653	35248	13366	2171	6727	5240	3579	3080	5626	4846	1488
■授权/件	48313	75043	9287	7924	14281	2087	1294	1544	9891	641	28559	22128	6763	1456	2564	1593	1945	1572	3796	3040	807

图 3-3　从专利申请情况看创新能力分布

第四章 区域创新能力评价的方法与意义

4.1 区域创新能力评价的意义

自 20 世纪 90 年代以来，区域创新体系逐渐受到学者的关注（Cooke，1997）。从理论上讲，在丰富创新系统理论体系的同时，它还有自身的重要意义。首先，区域创新体系的研究将创新的变量延伸到空间的维度，使创新体系有了地理的内涵，丰富了国家创新体系的研究内容；其次，区域创新体系让创新资源配置中的区域极化与均衡成为一个重要的研究命题；最后，区域创新体系的研究为各级政府对创新的政策支持、规制模式等相关研究提供了多样性的支撑。

从现实意义上讲，区域创新能力的评价，一方面，可以为广东省政府提供协调区域发展的新模式，为创新提供更多更大的空间；另一方面，也可以为地方政府推动当地经济工作提供新的思路，更加突出创新在区域发展中的地位，发挥地方政府在产业升级和经济发展方式转变中的能动作用。

4.2 评价体系与分析框架

在本报告中，一个地区的创新能力是针对该地区创新能力与其他地区相比较而言的相对排名，不是该地区创新能力的直接衡量。评价一个地区的创新能力，需要一套较好的指标。指标的选取、指标的数量、权重的选取及指标中主观与客观指标的比例，都影响到最终创新能力的排名。因此，我们在指标选取、评价方法等多个方面都非常谨慎，本报告借鉴了包括《世界竞争力年鉴》《全球竞争力报告》《全球创新指数》《创新型联盟指数》及《国家创新指数》在内的诸多国内外知名报告，采用了《中国区域创新能力评价报告》的指标评价方法，并根据广东省创新体系的特征进行了适当的调整。

4.2.1 评价原则

第一，框架必须考虑区域创新体系建设情况，即强调研发机构、企业、政府等创新要素的网络化，把知识在几个要素间流动的程度作为衡量区域技术创新系统化的关键，同时也结合考虑数据可得性。

第二，框架必须考虑区域科技创新的链条建设。强调链条，首先是因为在大多数情况下，技术创新先是来自一个创新的思想、发明或科技突破，其中大学、科研院所的知识创造活动是重要的创新来源。其次，有了很强的知识创造活动，不等于该地区就有较强的创新能力，科技实力强不等于技术创新能力强，许多地区没有较强的科技基础，但仍然有很高的技术创新能力。问题的关键是能否有效地利用全球范围内的各种知识为本地区的创新服务。因此，必须考虑知识流动或技术转移的能力。最后，企业是技术创新的主体，而不是科研部门或高校。因此，一个地区技术创新能力高低的关键是企业有没有足够的创新动力和创新能力。我们在考察企业的技术创新能力时，注重引入创新链条来进行评价。因此，与已有的科技竞争力评价体系不同的是，本报告的指标框架强调企业是技术创新主体这一价值判断。

第三，框架强调创新环境建设的重要性。在市场经济体系下，衡量地方政府工作的重要内容不是传统的计划和干预的多少，而是如何创造一个有利于企业创新的环境。因为政府远离市场，不能直接指导企业的技术创新流动，其职能调整的关键就是从依赖计划转向创造创新环境来推动企业的技术创新。

4.2.2 指标体系

依据上述原则，我们提出了如表 4-1 所示的广东省创新能力评价指标体系，包括 4 个一级指标和 16 个二级指标。一级指标包括投入、产出、产业升级和产业创新环境。其中投入指标用来衡量地区对创新的投入和重视程度；产出指标用来衡量地区投入之后所获得的创新成果；产业升级指标用来衡量地区新旧转型的能力；产业创新环境指标用来衡量创新主体所处环境对创新活动的支持能力。

表 4-1　广东省创新能力指标体系

一级指标	二级指标	一级指标	二级指标
1. 投入	1.1 全社会研发经费支出与 GDP 之比	3. 产业升级	3.1 第三产业增加值占 GDP 比重
	1.2 每万名就业人员中研发人员数量		3.2 先进制造业增加值
	1.3 规模以上工业企业研发经费支出占主营业务收入比重		3.3 单位 GDP 能耗增长速度
	1.4 知识产权专项经费投入		
2. 产出	2.1 万人有效发明专利拥有量	4. 产业创新环境	4.1 科技支出占财政总支出比例
	2.2 PCT 专利申请数占全省 PCT 专利申请量的比重		4.2 全员劳动生产率
	2.3 高技术制造业增加值占规模以上工业比重		4.3 科研机构数
	2.4 新产品销售收入占主营业务收入比重		4.4 每千人拥有的企业数
	2.5 单位规模以上工业企业拥有研发人员数量		

4.2.3　评价方法

《广东省区域创新能力评价报告》采用《中国区域创新能力报告》的评价方法——加权综合评价法，基础指标无量纲化后，用专家打分得到的权重，分层逐级综合，最后得出每个地级市创新能力的综合效用值。

单一指标采用直接获取的区域数据来表示，在无量纲化处理时采用效用值法，效用值规定的值域是 [0，100]，即该指标下最优值的效用值为 100，最差值的效用值为 0，计算方法如下。

（1）正效指标。

如设 i 表示第 i 项指标，j 表示第 j 个区域；

x_{ij} 表示 i 指标 j 区域的指标获取值；

y_{ij} 表示 i 指标 j 区域的指标效用值；

xi_{max}——该指标的最大值；

xi_{min}——该指标的最小值。

正效指标是指该项指标其值越大，效用值越高，如劳动生产率、人均 GDP、发明专利数等。

（2）负效指标。

负效指标是指该指标其值越大，则效用值越低，如单位 GDP 能耗增长速度。

（3）复合指标。

复合指标是采用两项或更多的单项数据指标复合计算后得到的，一般是增长率、平均数等，效用值的处理方法与单项指标相同。

（4）权重选取。

采用专家事先打分法来解决权重的选择。这种选择带有一定的主观性，但这一方法是国际上普遍采用的方法，我们聘请的专家都在国内科技政策管理研究方面有较深的造诣，他们对国外类似报告也都有深入的了解。

（5）加权综合。

加权计算是分层逐级进行的，以图 4-1 为例说明：

a、b、c 分别表示分层；

$f(a)$，$f(b)$，$f(c)$ 分别表示其权重；

$x(a,i)$，$x(b,i)$ 分别表示分层分区域的指标效用值，则计算时从右向左进行。

如计算 b_i 的指标值（加权效用值）。设 $x(b_i,i)$ 是区域 i 在 b_i 指标下的综合效用值；$x(c_i,i)$ 是区域 i 在 c_i 指标下的效用值。那么

$x(b_1,i)=x(c_1,i)f(c_1)+x(c_2,i)f(c_2)+x(c_3,i)f(c_3)+\cdots$

以此类推，求出 $x(b_2,i)$，$x(b_3,i)$，…

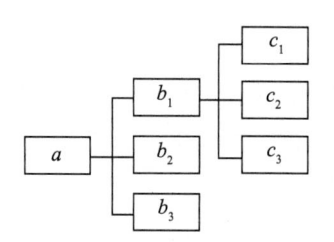

图 4-1 指标体系示意

4.2.4 数据来源

为了保证研究的可检验性，本报告的数据均来源于公开出版的统计年鉴和政府报告，主要包括《广东统计年鉴》、21 个地市统计年鉴、21 个地市国民经济和社会发展统计公报、政府工作报告等。为保证各市统计数据一致性，统一采用 2016 年数据。

第二篇 区域创新能力分地市报告

第五章　各地区创新能力分析

5.1　广州市

5.1.1　广州市创新现状描述

1.国民经济综合发展概况

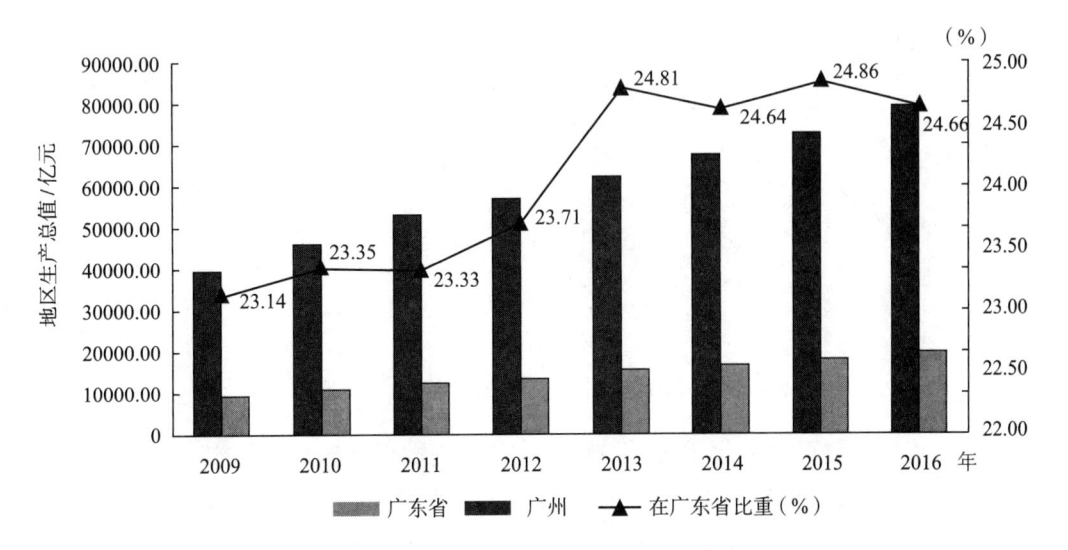

图 5-1　2009—2016 年广州市地区生产总值增长及在广东省占比

资料来源：广东省统计年鉴 2010—2017。

2016年，广州市地区生产总值19610.94亿元，居省内第1位，同比增长8.3%，增速高于全国（6.7%）1.6个百分点、低于全省（9.2%）0.9个百分点，2009—2016年GDP增长情况如图5-1所示，近几年的地区生产总值占广东省的比例保持在24%左右。2016年年末人口数量为1404.35万人，人均地区生产总值达141933元，仅次于深圳市位列省内第2名。2016年末就业人数835.26万人，仅次于深圳市，占到全省的13%，第三产业增加值13445.03亿元，以占全省1/3的占比优势领跑，其中，金融业增加值1800亿元，占全省的9.18%；规模以上工业企业数4662家，占全省的11%。2016年，全市完成进出口总值8566.9亿元，增长3.1%，增幅高于全国（-0.9%）和全省（-0.8%）；其中，进、出口总值分别为3379.9亿元和5187亿元，分别增长3.3%和3.0%，在全国经济总体不景气的情况下保持稳定增长，外贸进出口增长势头也趋向稳定。总体看，2016年广州市区域创新综合值为56.33，仅次于深圳市，近年来广州市主要经济指标和深圳市交替位列全省第1，与深圳市同属于广东21个地市的第一梯队城市。

2. 工业发展情况

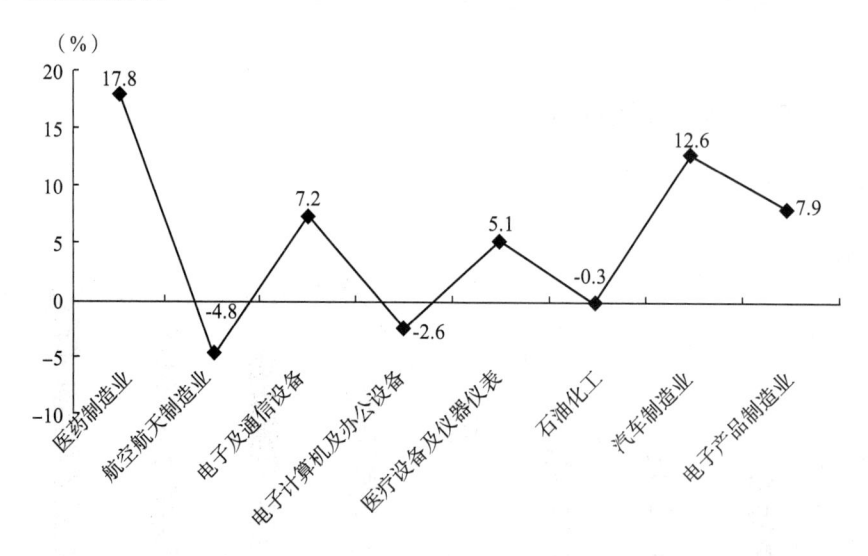

图5-2　2016年广州市高技术制造业增长情况

2016年广东省百强企业TOP100中，广州市占据近一半，共有45家企业。2016年全年工业增加值5369.49亿元，同比增长6.2%，规模以上工业增加值4877.85亿元，增长6.5%。汽车制造业、石化产业和电子信息制造业三大支柱产业总产值9693.48亿元，增长7.6%。高新技术产品产值占规模以上工业总产值比重达46%。汽车、电子、石化、电力热力、电器机械、通用专用设备、铁路船舶航空航天设备、医药8个行业的工业总产值占全市比重的 70.9%，同比提高 0.4 个百分点。2016 年广州市规模以上高技术制造业增加值 664.55 亿元，同比增长 7.5%。规模以上高技术制造业、汽车制造业、电子产品制造业和石油化工制造业的增长情况如图 5-2 所示。全年商品进出口总值 8566.92 亿元，同比增长 3.1%。其中，2016 年广州市先进制造业增加值 2663 亿元，占规模以上工业企业增加值比重为 54.6%，先进制造业为主体的产业结构基本确立。

3. 新经济发展情况

广州市深入实施创新驱动发展战略，航天空间站、飞船火箭、量子通信、高速计算、对天观测、大飞机等领域一批科技成果不断涌现。新动能快速成长，创新主体蓬勃发展，创新载体不断壮大，创新生态逐步优化。具体表现为：第一，新产品、新产业、新业态增势良好。2016 年，新产品中，工业自动调节仪表与控制系统、工业机器人分别实现产量 43.57 万台和 2287 套，分别增长 44.4% 和 31.7%。新能源汽车实现产量 4869 辆，增长 86.3%。新产业中，先进制造业、高技术制造业发展稳健，增加值分别增长 6.6% 和 7.5%。与软件、商务、科技等相关的现代服务业保持快速增长，互联网经济新业态引领服务业增长，规模以上互联网和相关服务业实现营业收入增长 97.2%，新业态中，限额以上网上零售额增速达 20.7%，跨境电子商务进出口额为 146.8 亿元，增长 1.2 倍。

4. 科技发展情况

（1）科技发展统计。

2016 年，广州市全年受理专利申请 99070 件，增长 56.3%；其中发明专利 31850 件，增长 58.6%，占申请量的 32.1%。专利授权 48313 件，增长 21.3%；其中发明专利授权 7668 件，增长 15.7%。全市拥有国家工程技术研究中心 18 家，国家级企业技术中心 24 家，国家重点实验室 19 家；省级工程技术研究中心共 658 家，市级企业研发机构 1734 家；省级重点实验室 191 家，市级重点实验室 137 家；国家级、省级大学科技园 6 个；全市累计有认定的高新技术企业 4740 家。

企业层面，广州市基本形成了科技型企业、科技创新小巨人、高新技术企业、创新型企业共生发展的企业全成长体系。实施财政科技经费倍增计划，市、区两级财政投入 81.3 亿元。实施科技创新小巨人企业和高新技术企业培育行动，对 2307 家企业进行研发投入后补助，新增高新技术企业 2800 多家，科技创新企业超过 12 万家。安排 10 亿元工业转型升级专项资金，扶持 115 个工业企业技术改造投资项目。风险投资、创业投资机构达 1500 家，发出人才绿卡 1180 张，新入选国家"千人计划"专家 46 人，"万人计划"专家 52 人，发明专利申请量增长 58.8%，PCT 国际专利申

请量增长 163.6%。

作为广东省经济和科技发展第一梯队的城市，广州市与深圳市相比，还存在明显差距，如全社会研发经费投入总额是第 1 名深圳市（732.39 亿元）的 51.9%；研究与实验发展全时人员当量占全省的 19.4%，是深圳市（168689 人）的 58.3%；规模以上工业企业研发经费内部支出额为 212.3 亿元，仅为深圳市（672.6 亿元）的 31.6%；规模以上工业企业新产品销售收入 3352.4 亿元，占全省的 14.8%，位居全省第 2 名，占深圳市（8713.4 亿元）的 38.5%；高新技术产品产值 8378.4 亿元，占全省的 15.4%，占第一名深圳市（17296.9 亿元）的 48.4%；孵化器数量 98 家，位居全省第 1 名，其中国家级孵化器 18 家；众创空间 48 家。

（2）创新模式。

广州市重视创新载体的培育，近年来科技创新企业规模不断增加，总数达 12.7 万家以上，技术创新、模式创新和业态创新的创新型企业不断涌现，连续 3 年入选中国最佳创新公司 50 强企业数量居全国城市排名第 3 位。获批为国家自主创新示范区和全面创新改革试验核心区，高新技术企业由 1253 家发展到 4700 多家，科技企业孵化器面积超过 800 万平方米，新型研发机构 44 家。同时，广州市加快科技创新走廊发展。民营孵化器数量由 2010 年的 21 家增至 2016 年的 97 家，已形成了"创业苗圃—孵化器—加速器—科技园"的完整创业孵化链条。设立广州市科技企业孵化器天使投资引导基金，以市场化方式实现滚动发展，为在孵企业和项目提供融资渠道，同时积极探索"企业孵化 + 创业导师 + 天使投资"模式。目前，广州市国家级孵化器成立的专为扶持孵化企业发展的专项资金累计超过 5 亿元。

5.1.2 广州市创新能力评价

2016 年，广州市创新能力全省排名第 2 位，与 2015 年持平，如表 5-1 所示。从指标分析结果可以看出，投入方面排名第 2 位，上升 3 位；产出排名第 5 位，保持不变；产业升级排名第 2 位，保持不变；产业创新环境继续保持第 1 位。

表 5-1 广州市创新能力指标分析表

指标名称	2015 年综合指标 指标值	排名	2016 年综合指标 指标值	排名
综合值	51.78	2	56.33	2
1 投入	39.89	5	57.39	2
1.1 全社会研发经费支出与 GDP 之比	38.1	8	50.95	5
1.2 每万名就业人员中研发人员数量	51.12	5	48.83	6

续表

指标名称	2015年综合指标 指标值	2015年综合指标 排名	2016年综合指标 指标值	2016年综合指标 排名
1.3 规模以上工业企业研发经费支出占主营业务收入比重	43.04	2	43.15	2
1.4 知识产权专项经费投入	22.92	2	95.48	2
2 产出	31.93	5	31.94	5
2.1 万人有效发明专利拥有量	23.34	3	26.37	3
2.2 PCT专利申请数占全省PCT专利申请量比重	4.71	2	8.36	2
2.3 高技术制造业增加值占规模以上工业比重	18.39	9	16.51	9
2.4 新产品销售收入占主营业务收入比重	54.67	4	57.48	5
2.5 单位规模以上工业企业拥有研发人员数量	64.01	2	53.42	2
3 产业升级	74.19	2	82.45	2
3.1 第三产业增加值占GDP比重	100	1	100	1
3.2 先进制造业增加值	54.07	2	45.81	2
3.3 单位GDP能耗增长速度	65.63	12	96.29	3
4 产业创新环境	69.54	1	63.65	1
4.1 科技支出占财政总支出比例	67.43	4	58.76	4
4.2 全员劳动生产率	56.95	3	51.31	3
4.3 科研机构数	100	1	100	1
4.4 每千人拥有企业数	60.08	4	52.41	6

从具体指标来看，投入方面，全社会研发经费支出与GDP之比增长大，说明广州市更进一步加强对研发的重视。产出方面，各项指标排名较2015年保持稳定，高技术制造业增加值占规模以上工业比重稍有落后，单位规模以上工业企业拥有研发人员数量指标值有所下降。产业升级方面，第三产业增加值占GDP的比重继续保持省内第1位，单位GDP能耗下降明显，由2015年的第12位上升至第3位。产业创新环境方面，整体保持第1位，其中科研机构数量省内最高，但每千人拥有企业数稍有下降。

总体来看，广州市创新能力发展势头良好，多数指标稳居前列。应继续保持对科技和研发的重视，即加大全社会研发经费的支出，以促进广州市创新能力的进一步提升，继续加大高技术制造业和先进制造业的转型发展，同时通过技术水平的提升来提高能源利用率，以推动经济和科技更高质量的发展。

5.1.3 广州市主要企业或行业创新活动分析

1. 广州汽车集团股份有限公司

广州汽车集团股份有限公司（简称广汽集团）成立于2005年，是大型国有控股股份制企业，目前员工数量超过7.5万人，总部位于广州天河。母公司广汽工业集团位列2016年《财富》杂志世界500强第303位（上升59位），中国企业500强第64位，广东省制造业企业第3位。2016年广汽集团汽车产销量分别为165.96万辆和165万辆，同比分别增长30%和27%，销量高于行业平均水平13个百分点，销量增幅位居国内六大国有汽车集团之首，总营业收入2757亿元。

广汽集团自主研发累计投资达155亿元，建立起以广汽研究院为核心载体、投资企业研发中心为支撑的国家级企业技术中心，成功推出自主创新研发的人车交互传祺语音控制系统，该系统可实现对车内空调、座椅、灯光和雨刮等系统的控制。广汽在"电动化、智能化、轻量化、情感化"领域取得多项自主创新成果。广汽传祺2016年累计销售372034辆，同比增长90.66%。先后与比亚迪联手研发以纯电驱动公交车为主的新能源客车；与华为公司签订战略协议，在车联网、智能驾驶等领域展开合作；与优步签订协议，基于未来汽车生产的绿色发展趋势达成战略协作关系；等等。

产业布局上，2017年广汽集团耗资450亿元建广汽智联新能源汽车产业园，与已建成的广汽番禺化龙基地形成国内超大型综合汽车生产基地。围绕"智能制造+创新研发+生态小镇"三大领域，引进至少2000名研发人员，为传祺产能扩建以及核心零部件制造打造开放共享智能制造平台，布局汽车制造、研发、金融、文化、旅游、商贸六大业态，探索建设以"汽车+"为特色的系列项目，以期"十三五"期间完成20~30款车型开发，涵盖A0/A/B/C/新能源，保证2020年的销量目标实现，其中，新能源车型占比10%。

广东省和广州市政府在2010年制订了新能源汽车发展计划，从节能与新能源车专属指标、配套设施建设、财政补贴等方面支持推广节能与新能源车，发布《广州市新能源汽车推广应用管理暂行办法》等一系列推动措施，为新能源车上牌开设绿色通道，并规定新建楼盘配建充电桩的比例不低于18%。

2. 冠昊生命健康科技园

冠昊概况。大部分生命医学创业领域的企业都会面临创业四难：找钱难、找人难、找政策难、找市场难。因此，适宜的创业生态、符合行业标准的产业空间及专业的创业服务成为企业的迫切所需。2013年，由国内再生医学产业领军上市企业冠昊生物出资成立的子公司冠昊科技园在广州开发区诞生。科技园抓住生命健康产业一系列的创业"痛点",致力打造国内最专业的产融互动生命健康创新深孵化平台,做到高效衔接与精准孵化,切实助力初创企业的成长。

现有成绩。开创性地推出"龙头上市公司+专业科技企业孵化器+产业基金"的产业孵化模式,以"创业课堂+创业论坛+创业大赛+创业训练营"四创孵化体系为孵化载体,以专业的"创业导师—创业辅导员—创业联络员"为服务支撑,打造覆盖"众创空间—孵化器—加速器—产业园"的全孵化链条。同时,冠昊科技园充分整合优势资源,与国内外研究院所、高校、投资机构及中介服务机构密切合作,不断提高企业培育和孵化服务效能,促进孵化器建设的专业化、网络化、标准化和国际化,搭建集"专业产业化平台+投融资平台+营销平台"为一体的深度产业孵化平台,变企业的"小研发"为社会的"大研发",让科研人员可以与医师、产业化专家、投融资结盟抱团成长。现已孵化生命健康领域高科技创业项目和企业30余个,至今无一夭折,且发展迅猛。部分孵化项目已进入临床及报批阶段,一些优质项目受到资本市场的关注和追逐或以高估值获得融资或被上市公司并购。

主要做法。一是立足独特资源优势进行精准帮扶。冠昊生物国家工程试验室及博士后工作站,以及公司的合作伙伴能够为创业企业提供支持帮助;冠昊科技园通过自有各阶段基金配合企业的融资需求;冠昊科技园根据园区企业的进展和特点,进行个性化的政策辅导,争取更多的政府支持。二是平台建设。整合广州及华南地区生物产业资源,通过多方互动的创新协作平台,促进生物科技、资本、人才和项目的"财智速配";积极引进国内外相关的各类中介服务机构,为生物产业基地发展提供全方位的服务平台;打造一个服务于生命健康领域的专业化、开放共享的研发平台、管理平台和服务平台。三是建立生物医药公共服务研发平台及第三方检验检测专业服务平台。四是联动科技中介服务平台,在园区内设立科技中介服务走廊。五是聚焦投融资服务平台。冠昊科技园自设1000万元种子基金,并与投资机构联合发起首期规模1亿元的天使基金,为入孵化企业提供早期资金支持。科技园孵化平台汇聚了数十家投资机构,为企业的持续发展提供资金保障,同时为入园企业提供投资咨询等投融资服务。

基于此,冠昊科技园孵化出了一批明星企业。

一是"优得清"生物型人工角膜植片。广州优得清生物科技有限公司成立于2013年,是一家专业从事眼科相关医疗器械产品的研发、生产和销售的高科技企业。落户冠昊科技园后,通过科技园的资源整合,获得了资金、技术和销售渠道等资源支持。其研制的人工角膜在上市之后进行了首例移植并获得成功,这种人工角膜可以达到复明的疗效,很大程度上可以替代人捐献角膜。仅用三年时间产品就进入市场,这样的速度在生物医药行业是其他企业望尘莫及的。

二是"易活生物"无创肿瘤基因精准检测技术。广州易活生物科技有限公司是一家拥有独创液体活检检测技术的基因诊断公司。易活生物的主要产品有EFIRM液体活检无创基因精准检测仪、肿瘤突变基因检测试剂盒，被美国奥巴马政府列为21世纪最具潜力的十项生物技术第2位。2015年5月公司在园区成立，现该技术已进入临床阶段，A轮融资估值5亿元。

三是"驰安生物"体外诊断产品研发和生产。广州驰安生物科技有限公司成立于2014年，是香港达雅高生物科技公司在中国内地的全资公司，是一家从事体外诊断产品研发和生产的高科技型企业。入驻冠昊科技园后，驰安生物已完成GMP认证，产品也已获批上市。冠昊科技园将继续以中国的市场和资本优势，嫁接全球生命健康领域高端研发项目资源及中国体制内优质资源，进一步完善创业服务产品，吸引全球范围内的优秀项目入驻并予以孵化，在不拘一格中创造生命健康领域创业服务的新模式，打造全球化的孵化生态，努力成为中国生命健康产业孵化平台第一品牌。

3. 广州海格通信集团股份有限公司

广州海格通信集团股份有限公司于2000年成立，是全国电子信息百强企业之一的广州无线电集团的主要成员企业。是拥有较强综合竞争力和行业影响力的军民融合的大型高科技企业集团，用户覆盖陆、海、空、火箭军等全军各军兵种及政府、公安、武警、海警、民航、消防、气象、通信、无线电管理、交通等国民经济重要部门，形成了无线通信、北斗导航、卫星通信、数字集群、芯片设计、海事电子、模拟仿真、雷达探测、频谱管理、信息服务十大专业技术领域布局，构建了涵盖广州、北京、深圳、西安、南京、杭州、成都、绵阳、长沙、郑州的地域布局。

自2010年上市以来，海格通信利用国防信息化建设和国家大力发展战略性新兴产业的良好契机，实行以产业与资本双轮驱动，"军民融合"与"两个高端"（高端制作+高端服务）并举的战略，坚持自主创新和体制机制创新，以"科技+文化"为发展方向，实现了"十二五"期间营业收入、利润总额等主要经济指标复合增长率在20%以上的目标。主要做法如下。

第一，坚持自主创新。"十二五"期间，海格通信累计研发投入超过15亿元，占营业收入的15%左右，其中母公司仅2015年研发投入即达2.65亿元。持续、高比例的研发投入支撑着260余项科研项目，落实包括"国家863计划""国家重大科技专项""高技术产业化专项"等50余项项目的实施，完成新品鉴定/定型60多项，获得各类知识产权与专利数近70项，各专业板块均构建了自主可控的核心技术与发展能力。先后荣获"国家科技进步二等奖""军队科技进步一等奖""国防科学技术三等奖""广东省科技进步二等奖""广州市科技进步一等奖"等荣誉。

第二,坚持体制机制创新。2000年,依法依规对主要骨干企业进行"混合所有制"的改制,注册成立广州海格通信有限公司。率先引入职工持股,通过持股将员工(特别是经营、管理和技术骨干)与企业结成"利益共同体",海格通信因此也被列为全省第一批混合所有制改革试点企业。海格通信A股市场成功上市,成为全国第一家军工整体业务IPO上市公司。2014年,海格通信率先启动员工持股计划,成为全市第一家市属国企实施员工持股计划的上市公司,2015年8月正式上市。

第三,资本运作。围绕"强化主业、专业延伸、完善配套、拓展新领域、拓展信息服务"的资本运作策略,注重无线通信、卫星通信、北斗导航等核心业务板块,实施资本运作24项,累计投资34亿元,全资/控股子公司从3家增加到19家(不含孙公司),构建起多个符合市场发展方向、潜力巨大的专业板块,形成了多业务板块布局的产业布局,初步搭建起多层次的投融资平台,有效促进了规模发展和整体竞争力提升。

第四,军民融合发展。通过自主拓展和资本运作相结合的方式,加强了民品业务的开拓和军民两用技术的融合发展,军品收入占比由上市初的90%降为约55%,促进了频谱监测、数字集群、北斗导航等专业领域军品和民品的同步发展,强化和促进市场开拓、技术创新等方面的协同。其中,北斗导航领域已形成芯片—模块—天线—整机—系统及运营管理的全产业链布局,并于2015年成立海格通信北斗产业集团,强化技术、市场等内部协同。

第五,企业文化建设。形成了四维度文化理念体系:(1)客户价值理论、组织理论、人的价值理论、事业理论。(2)海格围绕核心价值、制度文化、行为文化、物质文化四个层次,建立了体系完善、内容丰富、深入人心的海格特色文化,得到了用户和社会的认可。

海格通信"十三五"规划提出了"百亿蓝图"(即2020年要努力实现100亿元以上的销售收入),将围绕"以全球的视野,将海格通信建设成为电子信息领域军民融合规模发展的高科技创新型企业"的战略目标,实施"1(做强1个资本运作与集团管控平台)+N(打造N个强势专业板块)"的发展战略,继续坚持体制机制创新、强化军民布局、加强自主创新、深化资本运作,实现新一轮快速发展。

5.1.4 广州市主要政府部门的积极作为

第一,逐步优化创新生态。广州市颁布并在推进"1+9"系列科技创新政策的落实,"实施财政科技经费和孵化器发展两个倍增计划,重点建设广州科技创新走廊,如图5-3所示。设立科技型中小企业信贷风险补偿资金池，建立中小企业发展基金和知识产权质押融资风险补偿基金，成立中小微企业融资再担保公司，风险投资、创业投资机构达1500家。出台集聚现代产业人才"1＋4"文件，积极承接举办各类创新创业类科技大会，承办2016"创响中国"巡回接力首站活动。加强知识产权保护，行政处理知识产权类案件2576件，结案率99.3%，发明专利申请量增长58.8%，PCT国际专利申请量增长163.6%，增速位居全国前列。

重点建设广州科技创新走廊

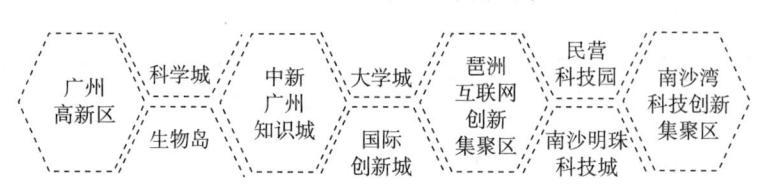

广州高新区—科学城—中新广州知识城—大学城—琶洲互联网创新集聚区—民营科技园—南沙湾科技创新集聚区
生物岛　　　　　　　　　　国际创新城　　　　南沙明珠科技城

图5-3　广州科技创新走廊示意

第二，完善体制机制建设。一是推进重点功能片区投融资体制改革，全面推开"营改增"试点改革。创新行政审批制度，建立全市重大项目投融资需求库，加快信用体系建设，推进广州中小微企业信用信息和融资对接平台建设，帮助中小企业解决融资难、融资贵问题。二是完善经济检测机制。针对供给侧结构性改革，制定了"1+5"系列文件，协调住建委、工信委、金融局等单位深入"三去一降一补"工作。三是推进财政投入机制，印发《广州市科技创新券实施办法（试行）》，通过投资基金、股权投资、政策性小额贷款保证保险等方式，并配合推广运用PPP模式，落实省企业普惠性财政补助政策，激发市场活力，提高项目落地率。设立广州市科技金融服务中心，构建创业投资、信贷风险补偿、贷款贴息、科技保险等多层次科技金融体系，放大财政科技资金的杠杆效应。

第三，优化产业发展环境。一是编制《关于构建高端高质高新现代产业新体系工作方案》，提出29项措施推动重大产业平台和重大产业集聚区建设，打造千亿级产业群。针对总部企业和总部经济专门制定发展办法，中交建、中节能等一批央企项目落户。二是编制《广州服务经济创新发展规划（2016—2025）》，推动广州服务专业化、品牌化和国际化发展，研究制订文化创意和设计服务与相关产业、体育产业、健康及养老产业发展行动计划，促进消费结构转型升级。三是牵头编制"十三五"战略性新兴产业发展规划和发展资金管理办法，支持17个创新型项目共计4.1亿元。四是出台新能源汽车发展行动计划和扶持政策，支持广汽、东风日产、北汽增城工厂、广汽比亚迪，加大新能源汽车新产品研发力度。五是研究推动轨道交通产业、高端船舶和海洋工程发展的措施，促进石化产业调结构、促转型、增效益措施。六是主动承担双创活动周，广州高新技术开发区科学城园区成为全国首批双创示范基地。

第四，启动"瞪羚计划"。2013年广州市启动"瞪羚计划"，认定并发布了首批124家瞪羚企业及培育企业名单。2015年园区出台《广州开发区瞪羚企业认定扶持办法》，进一步完善瞪羚企业的遴选标准与扶持政策，认定并发布了第二批147家瞪羚企业名单，针对企业研发投入、骨干人才、融资、贷款等方面提出了"瞪羚八条"专项扶持政策，逐步形成支持瞪羚企业持续创新发展的有效模式。

据《广州开发区瞪羚企业发展报告（2015）》显示，园区瞪羚企业增长迅速，在规模方面，147家瞪羚企业总收入达515亿元，约占园区企业总收入的1/10，近两年收入年均复合增长率达21.1%，是园区总体水平的2倍；在效益方面，平均纳税额达1934.7万元，为园区总体水平的2.3倍；在创新方面，研发投入强度达10.1%，为园区总体水平的5.8倍，平均拥有专利授权12件，是园区总体水平的17倍。

广州具有包容的历史文化底蕴和充满活力的市场环境，有创新土壤和宜居舒适便利的生活环境，政府大力支持创新，对创业者具有巨大吸引力。广州是珠三角科研机构最集中的城市，具有明显的人才优势，同时也是信息和金融资本聚集的地方。此外，人才优势、经济体量大、市场需求大、服务业发达、产业配套能力强、孵化器配套完善，这些都是广州成为创新创业沃土的重要条件。正因为如此，在别的地方创新往往停留在想法的层面，而在广州很多想法变成了现实。

5.2 深圳市

5.2.1 深圳市创新现状描述

1. 国民经济综合发展概况

2016年，深圳市地区生产总值19492.60亿元，位居广东省第2位，比上年增长11.4%，增速分别高于全国（6.7%）和广东省（9.2%）4.7个百分点和2.2个百分点，增速位居省内第1名。2016年，深圳市地区生产总值占广东省的1/4，图5-4显示了2009—2016年深圳市地区生产总值情况。

2016年年末，深圳市常住人口数量为1190.84万人，人均生产总值163688元/人，位居广东省首位。2016年，深圳市就业人口数量为926.38万人，位列广东省第1位；第三产业增加值11705亿元，位列广东省第2位；区域创新综合值为88.22，位列广东

省首位。总体而言，深圳市国民经济发展水平处于广东省乃至全国的领先水平，创新创业能力十分出众，全省排名第 1 位。深圳市与广州市同属于广东 21 地市的第一梯队城市。

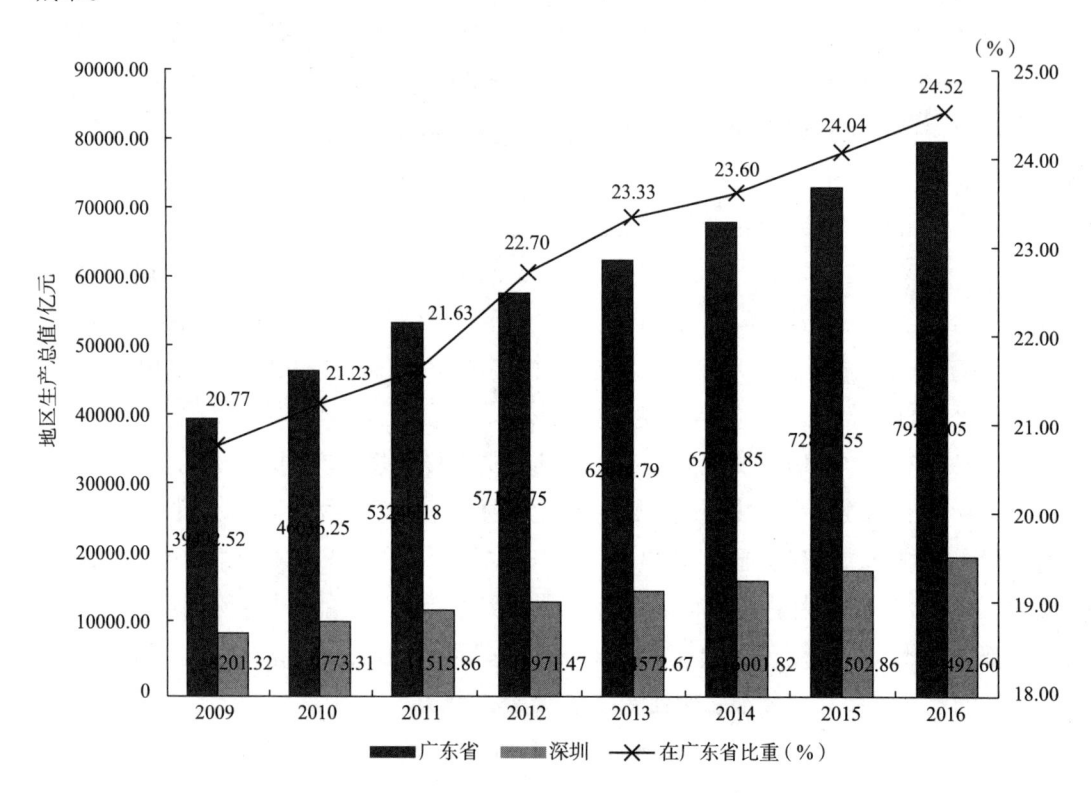

图 5-4　2009—2016 年深圳市地区生产总值增长及在广东省占比

资料来源：广东省统计年鉴 2010—2017。

经过近 40 年的发展，邓小平同志 1979 年在中国南海边画下的这个圈——深圳市，从 20 世纪 70 年代一座仅有 3 万多人口、两三条街道的海边小镇，已发展为与北京市、上海市、广州市并驾齐驱的一线城市。

深圳市的产业发展，是顺应经济发展规律、融入全球产业分工体系、不断进行产业升级的过程。深圳崛起的背后，与其率先进行科技创新、产业发展和升级等方面的改革密不可分。2011 年后，随着产业竞争和升级步伐加快，深圳市全面加快产业转型升级，从"深圳速度"向"深圳质量"转变，推动战略性新兴产业规模化、高技术产业高端化、优势传统产业品牌化，构建了以"高、新、软、优"为特征的现代产业体系。同时，深圳市在加快布局生命健康、海洋经济、航空航天、机器人、可穿戴设备和智能装备等未来产业。

工业方面,深圳市 2016 年规模以上工业增加值 7108.87 亿元,排名前五的行业依次为:计算机、通信和其他电子设备制造业增加值 4393.47 亿元,比上年增长 9.2%;电气机械和器材制造业 423.47 亿元,增长 3.2%;专用设备制造业 295.03 亿元,增长 24.2%;电力、热力生产和供应业 271.04 亿元,增长 2.0%;石油和天然气开采业 205.06 亿元,下降 0.8%。

2016 年,深圳市的新经济规模占经济总量过半,全年具有新产业、新业态、新模式的"三新"经济增加值 9827.45 亿元,占 GDP 比重达 50.4%[1],领跑全国。其中,深圳市划为战略性新兴产业的七大行业[2]增加值及增长率情况如图 5-5 所示。

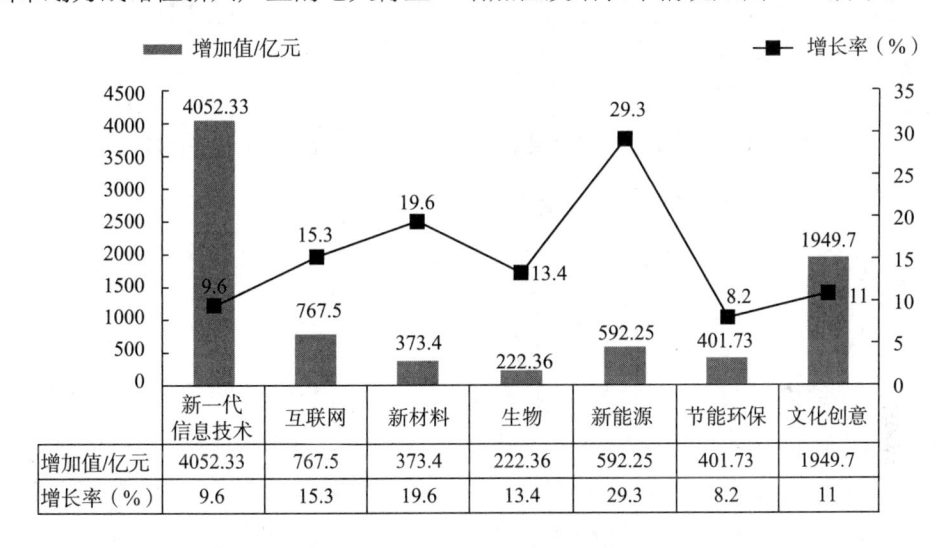

	新一代信息技术	互联网	新材料	生物	新能源	节能环保	文化创意
增加值/亿元	4052.33	767.5	373.4	222.36	592.25	401.73	1949.7
增长率(%)	9.6	15.3	19.6	13.4	29.3	8.2	11

图 5-5　2016 年深圳市七大战略性新兴产业增长情况

资料来源:2016 年深圳市国民经济和社会发展统计公报,2017-4-28。

随着新型业态的崛起,深圳市国有企业体量逐渐缩小,股份制企业增幅较大,且增势良好,外资和港澳台企业比重较大,增加值仅次于股份制企业,但增速缓慢,如图 5-6 所示。

---

[1] 深圳——小渔村 38 年"蝶变"特区　创新点燃起舞之魂.新浪财经,2017-07-03。
[2] 此处的战略性新兴产业为深圳市相关产业发展规划的口径,与国家、广东省及其他省市不同,包括新一代信息技术产业、互联网产业、新材料产业、生物产业、新能源产业、节能环保产业、文化创意产业。

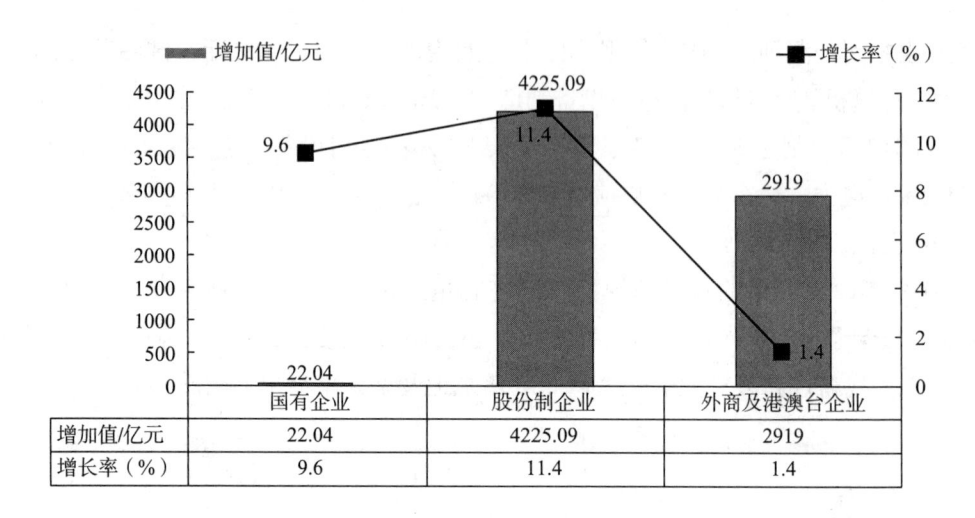

	国有企业	股份制企业	外商及港澳台企业
增加值/亿元	22.04	4225.09	2919
增长率（%）	9.6	11.4	1.4

图 5-6　2016 年深圳市规模以上工业中不同性质企业的增长情况

资料来源：2016 年深圳市国民经济和社会发展统计公报，2017-4-28。

2.科技发展情况

（1）科技发展统计。

2016 年，深圳市全社会研发经费投入总额 842.97 亿元，较 2015 年（677.32 亿元）增长 24.46%；深圳市规模以上工业企业 6627 家，较 2015 年（6539 家）增长 1.3%。规模以上工业企业主营业务收入 26764 亿元，规模以上工业企业新产品销售收入 10188.36 亿元。截至 2016 年年末，汕尾市每千人拥有企业数 25.96 家，先进制造业增加值 5274.73 亿元。

2016 年年末，深圳市专利申请量 145294 件，授权量 75043 件，PCT 国际专利申请量 19648 件，深圳市的 PCT 国际专利申请连续 13 年全国第一，提高了深圳市的创新能力。

（2）创新模式。

第一，新商业模式。深圳市在不断发展跨境电商的同时，新的商业模式也不断涌现。2017 年第一季度，深圳市新模式（主要是商业综合体及大个体）创造增加值 114.10 亿元，占 GDP 的 2.5%，其中城市商业综合体 21.7 亿元，大个体 92.4 亿元。2016 年，技术、模式、应用方面的创新企业在深圳不断涌现。在跨境贸易领域，环球易购通过自建专业品类、多语种的多维立体垂直平台体系，创新性地采用数据驱动型精准运营模式，公司业务一直保持高速增长；在供应链服务领域，深圳行云全球汇创新性地构建了零库存式供应链管理模式，在成立不到两年的时间内，公司估值已突破

5亿元；钱海网络技术则作为中国目前最大的跨境支付产品支撑和服务平台，是国内唯一一家可跨行业提供跨境支付解决方案和服务的平台。在社群电商领域，乐活天下创新性地采用"F2B2C"模式，最大限度地优化物流体系，利用大数据等技术构建了"乐活指数"，为农业生鲜领域的数据统计及管理决策提供重要依据。

第二，新的电子商务服务支撑体系。2016年，深圳市电商物流、在线支付、电子认证、在线信用等支撑服务加快发展。电子服务支撑体系日趋完善，已建电子商务集聚区近40个。电商物流方面，全国80%的供应链企业总部设在深圳，仅在前海注册并运营的现代物流业企业就超过5000家，助力了全面的现代物流体系。在线支付方面，深圳聚集了财付通、快付通、银盛、深圳银联、智付等企业。信用体系服务方面，初步建立了"三库一网"的社会信用体系。电子认证服务方面，深圳有5家专门从事电子认证服务的机构，累计发放数字CA证书约94万张。与此同时，深圳的电子商务产业环境也日趋完善。在政策方面，截至2016年年底，全市累计出台电子商务规范性文件和相关扶持政策措施57部。在产业服务方面，深圳已基本形成以电商宣传推广平台——深圳电子商务大讲堂、电子商务交易公共服务平台——深商e天下、电子商务可信交易公共服务平台——众信网、跨境贸易电子商务通关服务平台——南方电子口岸、跨境电商溯源公共服务平台为支撑的"五位一体"的电商产业服务体系。

5.2.2 深圳市创新能力评价

2016年深圳市创新能力全省排名第1位，对比2015年，指标综合值有所上升，排名无变化。如表5-2所示，2015年与2016年，深圳市的投入、产出以及产业升级三方面指标在广东省均处于遥遥领先的地位，全省排名均是第1位；产业创新环境排名第4位，尽管指标值有所上升，但排名较2015年下降1位。

从具体指标看，在投入方面，深圳市的全社会研发经费支出与GDP之比、每万名就业人员中研发人员数量、规模以上工业企业研发经费支出占主营业务收入比重和知识产权专项经费投入4个指标值的排名均是全省第1位。在产出方面，深圳市万人有效发明专利拥有量、PCT专利申请数占全省PCT专利申请量的比重、高技术制造业增加值占规模以上工业比重、新产品销售收入占主营业务收入比重和单位规模以上工业企业拥有研发人员数量5个指标值均在全省排名第1位。在产业升级方面，2016年，深圳市单位GDP能耗下降比较明显，排名由全省第17位上升至第8位。在产业环境方面，深圳市科技支出占财政总支出比例排名第1位，每千人拥有企业数排名第3位，相较于其他指标的绝对优势，深圳市的全员劳动生产率和科研

机构数指标在全省排名中处于中游偏上的水平，可以作为未来继续提高创新能力的方向。

表 5-2 深圳市创新能力综合指标比较

指标名称	2015年综合指标 指标值	2015年综合指标 排名	2016年综合指标 指标值	2016年综合指标 排名
综合值	83.07	1	88.22	1
1 投入	100	1	100	1
1.1 全社会研发经费支出与GDP之比	100	1	100	1
1.2 每万名就业人员中研发人员数量	100	1	100	1
1.3 规模以上工业企业研发经费支出占主营业务收入比重	100	1	100	1
1.4 知识产权专项经费投入	100	1	100	1
2 产出	100	1	100	1
2.1 万人有效发明专利拥有量	100	1	100	1
2.2 PCT专利申请数占全省PCT专利申请量的比重	100	1	100	1
2.3 高技术制造业增加值占规模以上工业比重	100	1	100	1
2.4 新产品销售收入占主营业务收入比重	100	1	100	1
2.5 单位规模以上工业企业拥有研发人员数量	100	1	100	1
3 产业升级	75.36	1	88.67	1
3.1 第三产业增加值占GDP比重	76.6	2	73.02	2
3.2 先进制造业增加值	100	1	100	1
3.3 单位GDP能耗增长速度	53.01	17	94.62	8
4 产业创新环境	52	3	61.93	4
4.1 科技支出占财政总支出比例	81.37	2	100	1
4.2 全员劳动生产率	24.21	11	28.6	8
4.3 科研机构数	2.2	15	2.94	7
4.4 每千人拥有企业数	93.7	2	68.65	3

5.2.3 深圳市主要企业及行业的创新活动分析

1. 华为

过去20多年全球通信行业的最大事件是华为的崛起，华为以价格和技术的破坏性创新彻底颠覆了通信产业的传统格局，让世界上绝大多数普通人都可以享受到低价且优质的信息服务。

华为的研发投入包括：一是支撑产品开发的投入，基于客户需求提供产品及解决方案；二是研究与创新投入，即对未来的投资，2016年占到整体研发的17%。

华为的创新实践主要体现在以下几方面：第一，技术创新。全球拥有员工17万人，通过全球15个研究机构、36个联合创新中心开展研发创新与合作，在华为从事研发的人员约8万名，占员工总数的47%。华为在全球有16个研发中心，在数学基础研究方面投入巨大，诞生了两大架构式的颠覆性产品创新，一个叫分布式基站，另一个叫SingleRAN，并借此取得了欧洲等发达国家市场的成功。第二，"工者有其股"，华为对知识劳动者的管理创新体现在让"知本家"作为核心资产成为华为的股东和大大小小的老板。至今，华为已有8万多股东，包括外籍员工。第三，产品微创新。华为改变传统代理商营销模式，由代理模式走向了直销模式。第四，市场与研发的组织创新。市场组织创新体现在军队战术，如"一点两面三三制""蜂群战术""重装旅"（商务、技术和市场解决方案专家组成的专家小组与市场团队确定作战方案，参与客户的技术交流和商务谈判）等。研发体制创新体现在用工业的流程去做研发，大大提高研发速度，每一模块的人员由精英构成，减少失误率。第五，决策体制的创新。轮值COO在华为内部的成功实践促使华为开始推行轮值CEO制度，任正非在10年前是大半个思想家和小半个事务主义者，10年以后任正非完全脱离事务层面，成为完全意义上的华为思想领袖。

华为聚焦思想和文化观念，重视知识与人才，让知识劳动者因其贡献真正受益，其创新哲学体现在以下几个方面。第一，以客户需求为创新之本。华为历时15载打造了以客户需求为导向、前端是客户、末端也是客户的端到端流程，将研发人员培养成工程师商人，从根本上改变了华为技术导向型的公司价值观和研发战略。第二，开放合作是创新的基石。一是以土地换和平的技术路线，依靠自身的专利储备进行专利互换、支付专利费等，仅支付给高通一家公司的知识产权费用就累计超过7亿美元。第二，与竞争对手和客户建立战略伙伴关系。包括与德州仪器、摩托罗拉、IBM、英特尔、朗讯等成立联合实验室，与西门子、3COM、赛门铁克等西方公司成立合资企业。华为在研发体制上的重大创新之一，是与全球诸多大客户包括沃达丰等运营商建立了28个联合创新中心。第三，基于开放式、学习型的创新理念。华为聘请了美国、英国、日本、德国的顶尖咨询公司为华为做管理咨询，提升其在管理创新、组织创新和组织管理方面的能力。第四，基于尊重知识产权基础上的创新。华为每年要向西方公司支付2亿美元的专利费，每年拿出1亿美元参与一些研发基金，并且参与和主导了多个全球行业的标准组织。第五，开放、包容、鼓励试错是创新之源。华为反对非黑即白的用人观，提倡容得下各类人。另外，从高层到基层组织有意识地培养蓝军参谋，任务是唱反调。鼓励试错，也是华为创新文化的核心特质。

2. 大疆科技——无人机全球领先者

大疆科技成立于2006年，是全球领先的无人飞行器控制系统及无人机解决方案的研发和生产商。客户遍布全球100多个国家，主要集中在欧美，通过技术创新创造消费级无人机新市场，占据全球约80%的市场份额，2016年产值突破100亿元，8年增长1万倍，成为全球无人机霸主。在全球民用小型无人机市场占比高达70%。根据国家知识产权局统计，截至2016年9月，大疆申请各类专利1500多件，授权专利457件。

从大疆的发展历程看，除了前三年的埋头研发外，自2009年起，大疆每年都有新产品问世。2012年，推出到手即飞的世界首款航拍一体机"大疆精灵Phantom 1"，将之前局限于航模爱好者的专业市场推广至大众消费市场，将单纯的飞行体验拓展至航拍体验。大疆的成功离不开深圳的产业环境，深圳鼓励智能硬件研发与创业，宽容失败、鼓励创新，深圳的高交会、政府扶持资金、创新创业大赛等每一举措都助推了大疆的成长。

3. 华大基因

华大基因，1999年成立于北京，2007年离开北京落户深圳。它是全球最大的基因组学研发机构，主营业务包括四大方向：生育健康基础研究和临床应用服务、基础科学研究服务、复杂疾病基础研究和临床应用服务、药物基础研究和临床应用服务。覆盖全球60多个国家和地区，拥有5000余名职工，40%是博士研究生，平均年龄27岁。深圳的市场环境非常支持创新想法，帮助企业得到突破。2015年，华大基因入选"全球成长型公司"，被视为市场的开拓者、创新者与塑造者。

创新方面。截至2016年年底，华大基因拥有研发人员448人，近三年的研发经费总额为4.1亿元，约占营业收入的10%。继收购美国上市公司Complete Genomics后，2015年推出具有完全自主知识产权、具有国际先进水平的高通量测序系统"超级测序仪""Revolocity"及桌面化测序系统BGISEQ-500；组建了我国第一个国家级综合基因库——国家基因库。截至2017年5月4日，华大基因累计发表论文超2173篇，SCI收录的有1759篇；在国际四大顶尖学术期刊《自然》《科学》《细胞》《新英格兰医学》上共发表文章256篇（2014年即发表49篇）。华大基因在全球学术影响力排名中位列第87位（2014年），其产学研合作居全球第1位（2015年），科研产出名列中国产业机构首位、全球产业机构第12名（2016年）。华大基因在知识产权方面已申请国内外专利1583件，已获得授权发明专利384件（截至2017年2月）。此外，还自主研发了多项软件工具、实验设备，并建立了庞大的数据库应用系统。

华大基因的成功主要有几个因素：一是基于人口的数据库优势。基金组领域，

DNA测序更多在于电脑计算能力和数据挖掘，而不是实验室突破。中国人口数量近13亿人，中国的潜在数据库超过全球任何其他国家，拥有的数据库越大，竞争优势也越大，信息收集和分析的成本也更低。二是重视研发。研究队伍高学历、年轻化、低报酬。华大基因近三年将营业收入的10%投入研发中，职工中2000多名是博士研究生，这大概是中国企业里最多的，但是付出的薪资却仅是美国企业的几分之一。三是多渠道、可持续的经费支持。基因组测序究竟可以以多快的速度产生可靠的信息，并开发成对消费者有益或消费者买得起的产品，很多人都对此存在疑虑。美国近年来削减了此方面基础研究的财政预算，致使很多需要巨额投入的企业没有了持续的经费支持，而国内的地方政府、与政府相关的投资基金和国家开放银行等机构会多渠道地对科技创新企业提供经费支持。所以，华大基因敢在没有取得非常可观的盈利的时候，收购Complete Genomics，实现了基因测序上下游产业链的闭环。四是领导者的国际化视野。华大基因的管理团队看中中国经商模式，将生命科学和大数据精准结合，看准未来的法制趋势。

4. 迈瑞生物医疗电子股份有限公司

深圳迈瑞生物医疗电子股份有限公司，创始于1999年，是一家集研发、生产和销售于一体的高科技医疗设备企业。产品涵盖生命信息与支持、临床检验及试剂、超声影像三大领域。迈瑞在国内外共设立了41个海外运营平台，产品已经远销全球190多个国家和地区，全球员工近10000人。

历经20多年的自主创新、专业发展之路，以及10多年的出口海外、跨境并购的国际化道路，迈瑞已从设备提供商发展为综合解决方案提供商，由单一产品拓展到多产品线，由单一市场打入全球市场，由低端产品延伸至高端产品，监护、麻醉、除颤、血液细胞分析仪、彩超等多个产品迈入世界级品牌行列。

迈瑞成功的主要因素有以下几个方面。第一，注重自主研发。截至2016年11月，已申请1700项专利技术，其中有200多项为国际专利，并且创造了20多项"中国第一"。2013年，迈瑞公司荣获国家知识产权局颁发的"中国专利金奖"，2014年，荣获深圳市政府颁发的"深圳市市长质量大奖"等。第二，研发经费持续投入，每年将10%的年销售额投入研发。第三，强化产学研合作。与清华大学、西安交通大学、大连理工大学、深圳大学等多所著名高校开展了多项技术研究合作。第四，培育内部公共技术平台。在企业内部组建了多个行业内具有国际、国内领先水平的公共技术平台。2006年开始，公司的安全、环境实验室率先通过了UL认证，成为国内首家通过此项认证的医疗设备企业。第五，加强人才引进。2010年引进"细胞分析世界级工业创新团队"，于2012年获批深圳市海外高层次人才创新团队（"孔雀计划"团队），

2人获批国家"千人计划",4人获批深圳市"孔雀计划"个人,10人获得深圳市高端人才计划中的国家级领军人才、地方级领军人才等荣誉。

5.2.4 深圳市产业特点

第一,企业梯队良性发展,后备力量不断壮大。深圳涌现了一批行业龙头企业,成为深圳创新驱动发展的重要名片。华为是全球最大的移动通信设备企业和第三大智能手机厂商,比亚迪成为全球唯一同时具备新能源电池和整车生产能力的企业,迈瑞是全球领先的医疗设备和解决方案供应商,华大基因成为全球最大的基因测序和基因组学研究机构,大疆科技已经占领消费级无人机全球70%的市场份额。与此同时,催生孵化了一大批科技型中小企业,成为深圳创新驱动的重要生力军。2015年新增认定782家国家级高新技术企业,全市国家级高新技术企业累计达到5524家。在境内外交易所上市企业达到321家,中小板创业板上市企业数连续9年位居国内首位,在"新三板"挂牌的公司共291家。科技型企业约3万家,占广东省科技型企业总数的60%。

第二,龙头企业发展迅速,竞争力持续提升。2016年,华为实现全球销售收入5216亿元,同比增长32%;净利润371亿元,同比增长0.4%。中兴通讯受益于运营商网络、消费者业务收入同比增长等因素,2016年实现营业收入1012.3亿元,同比增长1.0%;实现营业利润11.7亿元,同比增长263.7%;腾讯致力于深化用户与腾讯核心业务引擎之间的连接,2016年总收入为1519.38亿元,比去年同期增长48%。比亚迪2016年的营业收入达到1034.7亿元,同比增长29.32%;其中,新能源汽车业务整体收入约346.18亿元,同比增长约80.27%,占比亚迪总收入的比例增至33.46%。深圳迈瑞生物医疗电子股份有限公司多项产品取得国际认证,海外市场销售收入增长较快,2016年实现营业收入43.6亿元,同比增长35%。深圳华大基因集团2016年营业收入为17.11亿元,营业利润为3.82亿元,其中,收入来源最高的是生育健康类服务,收入达9.29亿元,占比54.62%,高成长源自华大基因在无创产前检测方面的抢先布局。

第三,手机产业占据半壁江山。全球手机八成产自中国,深圳占一半,这里聚集了华为、OPPO、vivo、TCL等多家全球出货量前十的手机厂商。深圳市工业百强企业累计实现工业总产值15259.2亿元,同比增长5.8%,占全市规模以上工业总产值的56.8%,累计实现工业增加值4328.4亿元,占全市规模以上工业增加值的60.1%,同比增长8.2%,高于全市工业平均增速1.2个百分点。百强企业名单中,手机产业相关企业有52家(表5-3),占百强企业大半江山。

表 5-3　2016 年深圳百强企业中的手机产业相关企业

序号	企业名称	序号	企业名称
1	华为技术有限公司	27	深圳市康冠技术有限公司
2	中兴通讯股份有限公司	28	努比亚技术有限公司
3	联想信息产品（深圳）有限公司	29	伟创力电子设备（深圳）有限公司
4	深圳创维-RGB 电子有限公司	30	兴英科技（深圳）有限公司
5	深圳市华星光电技术有限公司	31	惠科电子（深圳）有限公司
6	深圳市比亚迪锂电池有限公司	32	环胜电子（深圳）有限公司
7	联想系统集成（深圳）有限公司	33	华生电机（广东）有限公司
8	富葵精密组件（深圳）有限公司	34	深圳日东光学有限公司
9	比亚迪精密制造有限公司	35	深圳市帝晶光电股份有限公司
10	天马微电子股份有限公司	36	深圳市兴飞科技有限公司
11	普联技术有限公司	37	深南电路股份有限公司
12	华讯方舟科技有限公司	38	深超光电（深圳）有限公司
13	康佳集团股份有限公司	39	深圳市海派通讯科技有限公司
14	深圳富泰宏精密工业有限公司	40	东芝泰格信息系统（深圳）有限公司
15	欣旺达电子股份有限公司	41	深圳航嘉驰源电气股份有限公司
16	深圳市泰衡诺科技有限公司	42	深圳市振华通信设备有限公司
17	大族激光科技产业集团股份有限公司	43	深圳市东方亮彩精密技术有限公司
18	深圳市天珑移动技术有限公司	44	深圳市中诺通讯有限公司
19	深圳市德普特电子有限公司	45	深圳市三诺电子有限公司
20	深圳村田科技有限公司	46	深圳市保千里电子有限公司
21	深圳市共进电子股份有限公司	47	海能达通信股份有限公司
22	住友电工电子制品（深圳）有限公司	48	深圳市比亚迪电子部品件有限公司
23	宇龙计算机通信科技（深圳）有限公司	49	伯恩光学（深圳）有限公司
24	深圳欧菲光科技股份有限公司	50	深圳市银宝山新科技股份有限公司
25	深圳市长盈精密技术股份有限公司	51	赛尔康技术（深圳）有限公司
26	深圳市中兴微电子技术有限公司	52	深圳市深越光电技术有限公司

资料来源：搜狐科技，2016 年深圳百强企业名单出炉，华为排名第一，2017-03-23。

5.2.5　深圳市各主要政府部门的积极作为

深圳发布了《深圳市人民政府关于大力推进大众创业万众创新的实施意见》，将开放共享"国际范"理念贯穿其中，包括建海外人才"离岸创业"基地、拓展创业投资机构的跨境投资渠道等，助推特区创新发展形成新优势。

在优化创新机制方面，深圳将探索新业态创新成果的知识产权保护办法，探索建

立互联网市场知识产权保护监测平台。在健全创新创业人才培育机制方面，深圳将支持国有企业与科研机构、高等院校建立常态化人才双向交流、双向培养工作机制，同时建设海外人才"离岸创业"基地，探索开展执业资格国际先行认可试点。在发展创业创新区域平台方面，深圳将在知识产权、人才流动、国际合作、金融创新、激励机制、市场准入等重要领域先行先试，加快建成具有示范带动作用的全面创新改革试验平台。在创新金融服务方面，深圳将探索开展全国专利保险试点，为本土创业与境外资本的合作创造平台，拓展创业投资机构的跨境投资渠道，积极分享境外高端技术成果。在发展国有资本创业投资上，鼓励有关市属大型企业构建集"专业孵化＋创业投融资＋种子股权交易市场"三大核心功能和"创业交流＋创业展示＋创业培训＋创业媒体＋公共加速＋创业公寓"六大重点功能于一体的全链条创业服务体系。

深圳市创新能力在全国处于领先地位，离不开政府的鼓励和支持，为保持这一优势，深圳市政府要积极推进《深圳市大众创业万众创新的实施意见》，继续加强科技、教育与研发的投入，注重产学研的融合及科技成果转化，提高创业效率，提升创新能力。

5.3 珠海市

5.3.1 珠海市创新现状描述

1. 国民经济和社会发展综合概况

2016年，珠海市实现区生产总值（GDP）2226.37亿元，位列广东省第10位，同比增长8.5%，增速高于全国（6.7%）1.8个百分点，但低于广东省（9.2%）0.7个百分点。图5-7显示了2009—2016年珠海市地区生产总值情况，珠海市地区生产总值近年来占广东省比值保持在2.7%左右。

2016年年末，珠海市常住人口数量为167.53万人，人均生产总值132894元/人，全省排名第3位，是广东省平均水平（77785元/人）的1.7倍。2016年，珠海市就业人口数量为109.55万人，位列广东省第21位，但这并不代表珠海市的就业率偏低，就业人口数排名靠后与珠海市总人口数偏少相关；第三产业增加值为49.54亿元，位列广东省第5位；区域创新能力综合值为52.44，仅次于深圳和广州，位列广东省第3名。总体而言，珠海市经济总量指标在广东省排名中等偏上，人均指标排名靠前，创新能力排名靠前。

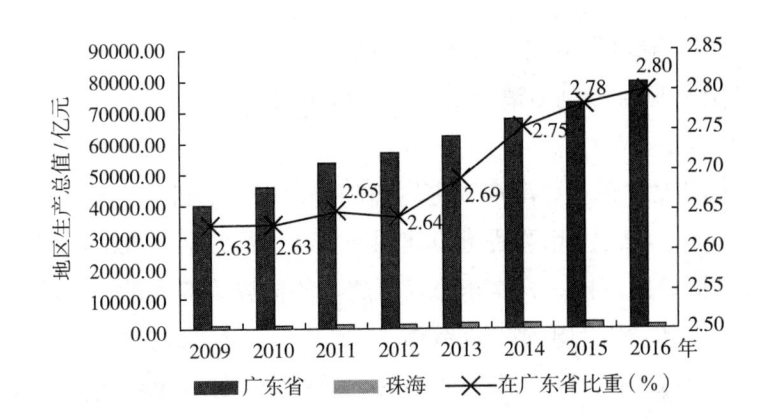

图 5-7　2009—2016 年珠海市地区生产总值增长及在广东省占比

资料来源：广东省统计年鉴 2010—2017。

对珠海市工业发展情况进行分析，2016 年，珠海市工业增加值比上年增长 5.8%，规模以上工业增加值增长 5.9%。其中，国有及国有控股企业增长 2.2%，民营企业增长 18.8%；港澳台地区及外商投资企业增长 2.7%，股份制企业增长 8.4%，集体企业增长 30.9%。六大工业支柱行业增加值比上年增长 8.1%。其中，电子信息、生物医药、家电电气、电力能源、石油化工和精密机械制分别同比增长 -1.6%、2.9%、11.9%、9.1%、16.6% 和 22.5%。高技术制造业增加值增长 1.0%，其中医药制造业增长 3.0%，航空、航天器及设备制造业增长 4.7%，电子及通信设备制造业增长 3.0%，医疗仪器设备及仪器仪表制造业增长 16.1%，信息化学品制造业增长 22.2%，计算机及办公设备制造业下降 9.7%。先进制造业增加值增长 7.2%，其中，装备制造业增加值增长 11.6%，钢铁冶炼及加工业增长 14.1%，石油及化学行业下降 9.4%。目前，珠海高新区除做强互联网、智能电网装备和新能源三大支柱产业外，开始加快培育生物医药、智能制造和智慧产业三个新产业增长极。

2. 科技发展情况

（1）科技发展统计。

2016 年，珠海市全社会研发经费投入总额 55.23 亿元，较 2015 年（43.61 亿元）增长 26.7%；汕尾市规模以上工业企业 1048 家，较 2015 年（1023 家）年增长 2.4%。规模以上工业企业主营业务收入 4213.59 亿元，规模以上工业企业新产品销售收入 1343.65 亿元。截至 2016 年年末，珠海市每千人拥有企业数 36.83 家，先进制造业增加值为 472.31 亿元。

2016 年，珠海市共有高新技术企业 787 家，有 14 个项目获广东省科学技术奖。

全年专利申请量18059件，增长59.3%；授权量9287件，增长36.8%。其中，《专利合作条约》（PCT）国际专利申请量239件，增长59.3%。

（2）创新模式。

第一，粤港澳大湾区。粤港澳大湾区指的是由广州、佛山、肇庆、深圳、东莞、惠州、珠海、中山、江门9市和香港、澳门两个特别行政区形成的城市群，是继美国纽约湾区、美国旧金山湾区、日本东京湾区之后的世界第四大湾区，是国家建设世界级城市群和参与全球竞争的重要空间载体。2017年7月1日，《深化粤港澳合作推进大湾区建设框架协议》完成签署工作。借助交通利好串连与融合大湾区各大城市，位于珠江西岸核心城市的珠海高新区，正以此为目标，打造科技创新高地、吸引优良基因企业和营造良好的人才环境，致力于打造大湾区西岸"产城人"融合的范本。

第二，串联与融合。以沿线企业、高校、园区、创新平台的城市布局，以西部沿海高速为纽带，借助未来港珠澳大桥、深中通道的建成利好，珠海将发挥珠江西岸核心城市的辐射带动作用，为粤西地区振兴发展提供科技创新支撑，承担起粤港澳大湾区创新高地的应有功能之一。

5.3.2 珠海市创新能力评价

2016年珠海市创新能力全省排名第3位，与2015年相比排名无变化，如表5-4所示。珠海市投入排名第4位，较2014年下降1位；产出排名第2位，指标值略有增加，排名不变；产业升级排名变动较大，由第14位上升到第4位，提升10位；产业创新环境排名不变，依然十分靠前，排名第2位。

表 5-4 珠海市创新能力排名

指标名称	2015年综合指标 指标值	2015年综合指标 排名	2016年综合指标 指标值	2016年综合指标 排名
综合值	45.66	3	50.39	3
1 投入	45.26	3	49.28	4
1.1 全社会研发经费支出与GDP之比	52.44	4	54.41	2
1.2 每万名就业人员中研发人员数量	76.39	2	68.77	4
1.3 规模以上工业企业研发经费支出占主营业务收入比重	36.59	4	37.44	4
1.4 知识产权专项经费投入	2.01	7	28.99	5
2 产出	42.23	2	45.46	2
2.1 万人有效发明专利拥有量	30.05	2	39.6	2
2.2 PCT专利申请数占全省PCT专利申请量的比重	1.13	6	1.21	6
2.3 高技术制造业增加值占规模以上工业比重	44.68	4	42.99	5

续表

指标名称	2015年综合指标		2016年综合指标	
	指标值	排名	指标值	排名
2.4 新产品销售收入占主营业务收入比重	73.26	3	83.46	2
2.5 单位规模以上工业企业拥有研发人员数量	56.31	3	48.45	4
3 产业升级	33.88	14	50.29	4
3.1 第三产业增加值占GDP比重	41.42	6	42.53	5
3.2 先进制造业增加值	8.16	8	8.33	7
3.3 单位GDP能耗增长速度	48.4	19	94.02	12
4 产业创新环境	59.59	2	57.48	2
4.1 科技支出占财政总支出比例	100	1	87.61	2
4.2 全员劳动生产率	27.03	8	30.94	7
4.3 科研机构数	0	20	3.92	14
4.4 每千人拥有企业数	100	1	100	1

从具体指标看，在投入方面，珠海市全社会研发经费支出与GDP之间的比值较高，对应的指标值全省排名第2位；每万名就业人员中研发人员数量的指标值有所下降，排名由第4位降至第2位。在产出方面，珠海市万人有效发明专利拥有量等各项指标的排名均比较靠前，且变化不大。产业升级方面，2016年珠海市单位GDP能耗下降较快，因此，对应的指标值由全省排名第19位上升到第12位。并且，第三产业增加值占GDP比重和先进制造业增加值的指标值和排名均略有提升，全市的产业升级排名由第14位上升至第4位。从产业创新环境方面分析，2015年，珠海市科研机构数全省排最后一名，随着科研机构数的增加，2016年，该指标值上升至第14位。珠海市人口数相对较少，但经济发展水平较高，每千人拥有企业数明显多于其他地市，对应的该指标值连续两年排名第一。

5.3.3 珠海市主要企业及行业的创新活动分析

1. 珠海格力电器股份有限公司

珠海格力电器股份有限公司，成立于1991年，是目前全球最大的集研发、生产、销售、服务于一体的专业化空调企业，连续9年上榜美国《财富》杂志"中国上市公司100强"。格力电器旗下的"格力"品牌空调，是中国空调业唯一的"世界名牌"产品，业务遍及全球100多个国家和地区。格力电器2016年年度报告显示：格力净资产收益率达30.41%，净利率14.1%。而根据中国企业联合会的调查，我国500强制造业的平均净利率仅为2.5%，显然，格力远远高于行业平均水平。

格力致力于自主创新工程体系的建设，经过十几年的实施与应用，已经建成行业一流的掌握核心技术的全面创新体系，研发出五大核心系统，并转化应用于二十大类、400个系列、12700余个品种规格的产品。格力提出了"全员创新"的口号，并成功构建了一个庞大的人才库，实行全员培养和全员激励，格力的研发和技术人员总人数已经达到9000人左右。针对探索式创新技术，格力每年评选科技进步奖，重奖科技人才。目前，格力电器在国内外累计拥有专利超过6000项，其中发明专利1300多项，是中国空调行业中拥有专利技术最多的企业，也是唯一不受制于外国技术的企业。

2016年，格力的申请发明专利增幅达56.32%，获得授权发明专利增幅达96.81%，位居全国榜单第7位，家电行业第1位。格力的种种成绩，都是自主创新重要性的有力证明。比起一些企业通过收购迅速"到位"，格力仍然坚守自主创新道路。董事长董明珠认为，格力宁可慢，也要实现自主创新。格力成功研发出国内一流的工业机器人、自动化生产线、精密机床等智能装备，以智能化驱动中国制造和品牌的转型升级。

2. 魅族科技有限公司

魅族科技有限公司简称魅族，成立于2003年3月，是一家国内外知名智能手机厂商，总部位于中国广东省珠海市。公司致力于向消费者提供具有国际一流性能和品质的电子产品，并立足于中高端市场。在创立之初以生产优质的MP3产品为人所知，一直推崇少而精的发展策略。其生产的M3、M6、E6等播放器产品，在几乎没有什么广告宣传的情况下，确立了良好的品牌认知。由于智能手机的普及，MP3行业逐渐没落，魅族在2007年最终选择退出该行业，转向研发互联网智能手机。

魅族近5年的主要创新成果包括：魅族Home键，崭新的小圆圈设计与虚拟按键代替之前的实体键，小圆圈配备有单击返回桌面、上划返回上一级、双击呼出任务管理这三大按键功能；通过突破性的天线技术，在机身上下各开一刀即可解决信号问题。

2015年2月，魅族获阿里5.9亿美元投资。有了强有力的资本投入，魅族逐步加速产品研发，并且更加关注网络营销。魅族在2017年做出了新的改变，从目标人群、产品定义、ID设计到价格策略、粉丝文化和营销策略都尽力做到互不干扰、严格区分；加入国际化的诠释，从年轻用户切近欧美市场，进而带动国内市场的品牌升级。2016年，魅族海外销量达到200万台，较2015年的增长全部来自海外，创新的产品定位与市场搭建视角助力魅族在东欧部分国家销量超越华为。

5.3.4 珠海市各主要政府部门的积极作为

珠海市围绕重点产业空间布局规划、城市主体功能区规划及创新资源的空间集聚特点，构建"一核、一环、一区"区域功能布局，将"东部"唐家湾高新区和横琴新区及香洲中心城区优势创新资源向"西部"斗门、金湾和高栏港辐射，形成全市创新驱动协同发展格局。"一核"，是以珠海高新区国家自主创新示范区为核心形成的创新辐射集聚核；"一环"，是以横琴新区—保税区—香洲主城区等环澳门地区形成的创新服务集聚环；"一区"，是以西部生态新区为依托打造先进装备制造创新集聚区。

珠海市创新能力比较出众，全省排名靠前。为了保持这一优势，追赶广州和深圳，珠海市要打造科技创新高地，激发高新区在大湾区的活力，实施"大孵化器"战略，增加对科研机构的投入，加强创新创业平台建设。特别是要注重提高能源利用效率，降低单位 GDP 能源消耗，促进传统产业的优化升级。作为粤港澳大湾区的重要一极，珠海市要营造良好的人才环境及提供优质的民生服务，从而提升城市竞合中的"软实力"。

5.4 汕头市

5.4.1 创新现状描述

1. 国民经济综合发展概况

2016 年汕头市实现地区生产总值（GDP）2080.54 亿元，居广东省第 12 位，比上年增长 11.83%，增速高于全国（6.7%）5.13 个百分点，也高于广东省（9.2%）2.63 个百分点。2009—2016 年汕头市地区生产总值占广东省的比重见图 5-8，汕头市地区生产总值总量在逐步提升，近年来占广东省比值保持在 2.5% 左右。

2016 年，汕头市年末人口数 557.9204 万人，人均生产总值 37382 元，排名广东省第 14 名，低于广东省平均水平（67503 元）33771 元。2015 年解决就业人数 238.50 万人，全年城镇新增就业人员 5.48 万人，下降 9.6%；全市城镇登记失业人数 1.78 万人，城镇登记失业率为 2.41%。位列广东省第 9 位；第三产业增加值 921.38 亿元，位列广东省第 10 位，三次产业结构之比为 5.2 : 50.5 : 44.3。总体而言，汕头市总量指标位于广东省内中等水平，但相较广东省珠三角经济发达地区差距依旧很大，仍有待追赶广东省平均水平。

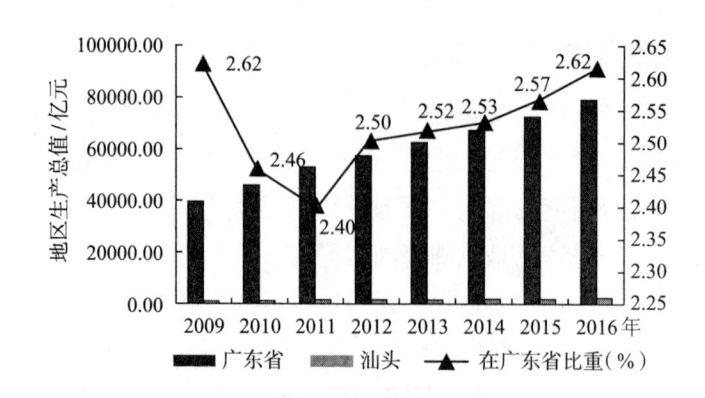

图 5-8　2009—2016 年汕头市地区生产总值增长及在广东省占比

资料来源：广东省统计年鉴 2010—2017。

2. 工业

2016 年，汕头市规模以上工业增加值 778.67 亿元，同比增长 9.6%，比去年同期提升 2.1 个百分点。2016 年完成工业增加值 958.70 亿元，同比增长 8.9%，其中，八大支柱产业累计完成增加值 598.41 亿元，同比增长 12.0%，贡献率达到 93.3%。先进制造业增加值实现首次百亿突破。全市规模以上工业 33 个大类行业中，28 个实现利润增长，其中 14 个行业利润增幅超过 30%。民营工业占全市规模以上工业增加值比重达到 77.1%，同比增长 2.3%。金平、龙湖的机械装备、医药制造产业分别实现产值增长 9.3% 和 10.3%，占全市同类产业比重分别为 63.6% 和 82.4%。澄海工艺玩具产业实现产值增长 15.1%，占全市同类产业比重达到 75.7%。潮阳、潮南纺织服装产业合计实现产值增长 17.0%，占全市同类产业比重达到 82.9%。

但是，汕头市工业发展中存在的一个问题是大型企业数量较少，大型企业数仅占全市规模以上工业的比重 1.4%，外资企业比重持续下降，外商投资企业下降 6.3%，出口形势仍然低迷。

3. 科技发展情况

2016 年，汕头市新认定国家级科技企业孵化器培育单位 1 家，市级科技企业孵化器 7 家。新增省级工程技术研究中心 10 家，总数达到 117 家；新增省级新型研发机构 4 家，总数达到 6 家。科学技术财政支出 5.63 亿元，同比增长 64.0%。全市新增专利申请 11349 件，总量居全省第 8 位，同比增长 29%，其中发明专利增长 34.9%；专利授权 7261 件，总量居全省第 8 位，其中发明专利授权增长 12.0%。华侨试验区列入省首批"双创"示范基地，加快构建"产业+创新+金融+人才"的产业发展综合生态体系，新增规模以上工业企业147家，新增限额以上批零住餐业企业145家，新增规模以上服务业企业67家，新增新三板公司22家。

金融管理方面，建立华融华侨资产管理平台，启动运营华侨金融资产交易中心，推动设立国家级华侨产业母基金、华侨银行、华侨人寿保险等一批金融服务平台和机构，构建具有"华侨"特色的金融政策试点区。

4. 科技发展统计

2016年，全市县及县以上国有独立研究与开发机构、科研情报和文献机构14个，获科技成果38项，比上年下降17.4%，达到或超过国内先进水平36项，下降18.2%，获省科技进步奖5项，与上年持平；签订各类技术合同57项，增长111.1%，技术交易额7456.9万元，增长262.7%。专利申请量与授权量分别为12777件和7924件，分别增长30.0%与3.6%。至年末，省认定高新企业数324家，全部达到国家级高新企业标准，增长116.0%。

全市高新技术企业总数达到325家，比2015年净增175家，比2015年增长117%，2016年，全市县及县以上国有独立研究与开发机构、科研情报和文献机构14个，获科技成果38项，比上年下降17.4%，达到或超过国内先进水平36项，下降18.2%，获省科技进步奖5项，与上年持平；签订各类技术合同57项，增长111.1%，技术交易额7456.9万元，增长262.7%。专利申请量与授权量分别为12777件和7924件，分别增长30.0%与3.6%。至年末，省认定高新企业数324家，全部达到国家级高新企业标准，增长116.0%，如表5-5所示。

表5-5 汕头市科技发展情况

指标名称	统计截止年份	数量	排名	增长率/%
研发经费投入总额/亿元	2016	14.8334	11	9.8
研发人员数量/人	2016	9632	10	8.04
规模以上工业企业数/家	2016	1846	9	-2.05
有研发机构的规模以上企业数/家	2016	104	11	/
开展研发活动的规模以上企业数/家	2015	237	7	/
规模以上工业企业研发经费内部支出额/万元	2016	127063	12	11.22
规模以上工业企业主营业务收入/亿元	2016	3210.3755	11	8.29
规模以上工业企业新产品销售收入/万元	2015	1708503.5	10	10.69
每千人拥有（规模以上）企业数/家	2015	31.9	12	-2.55
高新技术产品产值/亿元	2015	206.486181	13	-18.61
高校和科研院所研发经费支出额中来自企业比重/%	2014	10.26	15	-13.28

5.4.2 创新模式

1. 载体培育

汕头市以加大创新驱动发展战略为主攻方向，狠抓新技术新产业新业态，高新技术企业培育成效显著，自主创新能力不断提升，发展新动能得到有效激发。2016年全市高新技术企业总数达到324家，比上年净增174家，比上年增长116%，超额完成全年高新技术企业培育目标。科学技术财政支出5.63亿元，同比增长64.0%。全市新增专利申请12777件，总量居全省第9位，同比增长30%，其中发明专利增长24.3%；专利授权7924件，总量居全省第8位，其中发明专利增长8.2%。

2. "三新"经济

汕头市华侨试验区列入省首批"双创"示范基地，加快构建"产业+创新+金融+人才"的产业发展综合生态体系。创新金融管理体制，做强做大华融华侨资产管理平台，启动运营华侨金融资产交易中心，推动设立国家级华侨产业母基金、华侨银行、华侨人寿保险等一批金融服务平台和机构，构建具有"华侨"特色的金融政策试点区。市场主体活跃度不断提升，全市新登记各类企业7391户，增长29.3%，注册资本382.9亿元，同比增长110.6%；新增规模以上工业企业147家，新增限额以上批零住餐业企业145家，新增规模以上服务业企业67家，新增新三板公司22家。"互联网+"相关行业等新业态增长较快，全市限额以上批发零售业网上商品零售额同比增长36.6%。商业综合体等新商业模式发展迅速，苏宁电器、合胜百货、卜蜂超市3个综合体限上法人企业全年商品销售额实现9亿元。新产业新产品发展出现积极变化，以光缆为代表的新产品产量同比增长21.0%，增幅同比提高13.2个百分点。

3. 现代产业

汕头市着力壮大现代产业，积极引进培育发展轨道交通、通用航空、新能源、大数据等战略性新兴产业，新的现代产业正在逐步形成。2016年全市先进制造业完成工业增加值110.06亿元，同比增长11.6%，高技术制造业完成工业增加值44.03亿元，同比增长18.4%；分别比2015年提高2.7个和11.8个百分点，均超过规模以上工业增速；占规模以上工业比重分别为14.1%和5.7%，同比提升0.3个和0.5个百分点。部分科技型行业保持较强发展势头，计算机、通信和其他电子设备制造业增长28.8%，通用设备制造业增长12.8%，医药制造业增长13.8%。

4. 创新合作区

汕头华侨经济文化合作试验区列入《关于建设第二批大众创业万众创新示范基地的实施意见》（以下简称《实施意见》）双创示范基地。双创示范基地已经成为我国促进转型升级和创新发展的重要抓手。经国务院同意，决定在部分地区、高校和科研院所、企业建设第二批双创示范基地，在更大范围、更高层次、更深程度上推进大众创业万众创新。《实施意见》含金量高，提出了具体的政策举措，包括深化"放管服"改革，实施市场准入负面清单制度；优化营商环境，深化商事制度改革，全面实施企业"五证合一、一照一码"、个体工商户"两证整合"，深入推进"多证合一"，支持新兴业态发展；加强知识产权保护；加快科技成果转化应用；完善人才激励政策，鼓励双创示范基地研究制定"柔性引才"政策；加快发展创业投融资，支持设立一批扶持早中期、初创期创新型企业的创业投资基金；支持农民工返乡创业；支持海外人才回国创业，探索建立华侨华人回国创业综合服务体系；推动融合协同共享发展；营造创新浓厚氛围，不断增加创新政策供给等。

汕头华侨试验区是全国唯一以"华侨"冠名的创新型战略发展平台，是汕头市加快振兴发展的"三大平台"之一，肩负不断探索政策创新和制度创新，引领全市深化体制机制改革的重任。汕头市以列入国务院第二批大众创业试验基地为契机，依托试验区先行先试的体制机制和政策优势，发挥海外华侨华人在新一轮对外开放中的独特影响，以血脉亲情乡谊为基础，以体制机制创新为支撑，突出合作、创新、服务主题，加大引资引智力度，打造全球华侨华人聚集发展的创业创新新地标。

同时，把经济特区、汕头港口优势与潮汕侨胞的人脉商脉、雄厚资本和市场网络结合起来，强化资金、人才、信息等要素交汇集散的特色门户功能，创新与21世纪海上丝绸之路沿线国家和地区的合作模式，集聚创新资源，在国家"一带一路"设想中发挥示范门户作用，为国家开放型经济新体制探索新路径、积累新经验，建设海上丝绸之路创业创新示范门户。

此外，围绕"新侨归国创新创业"主题，整合利用全球潮人创新经济促进会、国际潮青联合会、海外潮籍博士团、海智基地等资源，搭建青年创业创新平台。争取入选中科协"海外人才离岸创业计划"，吸引更多海外青年人才回国创业，为双创文化发展注入新活力、新元素、新思潮。建设国际一流的创业创新中心，打造面向新生代华侨华人和广东华侨青年的双创示范基地。

5. 中以合作区

中以(汕头)合作区发展战略规划通过面向全国公开咨询竞赛的形式，博采众长、科学合理规划，把中以(汕头)合作区打造成国家级的创新中心、孵化基地、创业载体和人才高地。汕头市委常委、金平区委书记吴启煌表示，接下来，中以(汕头)合作区将在发展战略规划的指导下，坚持智慧、绿色、国际发展理念，以创新创业为驱动，以综合开放合作为支撑，以国际化城市社区打造和综合治理为载体，同时紧紧

抓住汕头市金平区特有的优势以及汕头大学、广东以色列理工学院创新优势，对接以色列及海内外科技、创新、人才、产业优质资源，构建全产业链孵化载体，推动优势产业集聚发展，形成整个粤东地区的创新、创业辐射带动效应，将中以（汕头）合作区建设成为国家层次创新中心、孵化基地、创业平台、人才高地，使其成为中以创新合作新标杆和汕头加快产业转型升级、带动粤东经济发展的重要引擎。

5.4.3 汕头市创新能力评价

表 5-6 汕头市创新能力排名

指标名称	2015 年综合指标 指标值	排名	2016 年综合指标 指标值	排名
综合值	15.96	13	17.74	12
1 投入	9.01	11	14.01	11
1.1 全社会研发经费支出与 GDP 之比	10.08	13	10.72	13
1.2 每万名就业人员中研发人员数量	13.86	11	11.05	11
1.3 规模以上工业企业研发经费支出占主营业务收入比重	8.28	15	8.76	15
1.4 知识产权专项经费投入	1.61	9	29.07	4
2 产出	6.45	15	7.36	15
2.1 万人有效发明专利拥有量	2.59	9	2.94	9
2.2 PCT 专利申请数占全省 PCT 专利申请量的比重	0.39	8	0.25	9
2.3 高技术制造业增加值占规模以上工业比重	6.61	16	7.01	16
2.4 新产品销售收入占主营业务收入比重	12.36	12	17.10	13
2.5 单位规模以上工业企业拥有研发人员数量	0.13	14	7.53	15
3 产业升级	43.04	9	42.19	14
3.1 第三产业增加值占 GDP 比重	33.21	10	27.45	11
3.2 先进制造业增加值	1.36	14	1.35	14
3.3 单位 GDP 能耗增长速度	88.58	6	91.93	17
4 产业创新环境	12.67	18	14.36	16
4.1 科技支出占财政总支出比例	10.19	14	16.01	9
4.2 全员劳动生产率	14.92	18	17.43	17
4.3 科研机构数	8.79	10	7.84	10
4.4 每千人拥有的企业数	17.38	10	13.93	10

2016 年汕头市创新生态全省排名第 16 位，对比 2015 年排名前进 4 位，见表 5-6。汕头市创新投入指标排名全省第 11 名，与 2015 年排名相同；创新产出指标全省第 15 名，与 2015 年排名相同；产业升级指标排名全省第 14 名，较 2015 年下降

5 名；产业创新环境排名全省第 16 名，较 2015 年提高 2 名。

从具体指标排名来看，创新投入指标排名都处于全省中等水平，2016 年"知识产权专项经费投入"排名全省第 4 名，较 2015 年上升 5 名，也是 2016 年所有指标排名中最靠前的；创新产出方面"高技术制造业增加值占规模以上工业比重"2016 年全省排名较低，为第 16 名；产业升级指标方面排名均明显下降，其中"单位 GDP 能耗增长速度"全省排名由 2015 年的第 6 名下降到第 17 名；产业创新环境指标排名均在提升，如"科技支出占财政总支出比例"排名由 2015 年第 14 名上升到 2016 年的第 9 名。

5.4.4　汕头市主要企业及行业的创新活动分析

2016 年广东省企业 100 强名单中，来自汕头市的宜华企业（集团）有限公司位列第 74 位，2015 年营业收入达 1950210 元。该公司成立于 1995 年，起步于 1987 年的作坊式小木工场，经过二十多年的努力拼搏，现已发展成为一家以木业、地产、投资三大产业为龙头，多元化经营为一体的大型综合性现代化民营企业。目前，集团总资产达 200 多亿元，员工 6000 多人；控股两家上市公司：宜华木业、宜华地产；战略投资广发证券、骅威玩具、皮宝制药三家上市公司以及深圳名雕、汕头光华化学、金明塑胶等十八家准上市公司，拥有 20 多家国内企业和境外办事机构，构成木业、地产、投资三大优势产业。属于制造业行业的领先民营品牌。

1. 广东奥飞动漫文化股份有限公司

作为国内动漫泛娱乐的龙头企业之一，目前，奥飞娱乐国内商标累计申请量已达 6990 件（未含子公司及关联公司商标），拥有有效注册商标 5540 件、国际注册商标 2626 件，汇聚了国内数量最多、知名度最高的动漫、玩具、游戏商标群，培育出众多一流创新品牌。

奥飞动漫的发展史，可以看作是中国动漫和玩具产业从利润微薄的低端加工，向高附加值的品牌经营迈进的过程。多年来，从开发到设计到生产，再到为自己的创新产品进行的维权，奥飞动漫是知识产权战略的得益者，也是实践者。

20 世纪 80 年代，奥飞动漫公司创始人蔡东青受到了日本动漫产业发展模式的启发，引进日本的《四驱小子》动画片，配合玩具四驱车打开市场，并通过举办比赛和进入学生"第二课堂"，迅速地树立起了自己的品牌、建立起经销网络，公司从品牌经营中获得巨大利益。早在 1995 年奥飞就在香港成立设计公司，学习国外的做法，当时动漫在国内远不算什么产业。随着国内相关领域的开放和发展，奥飞逐渐将设计业务转移到了内地。经过二十多年的发展，奥飞动漫现在在行业里的设计能力可以说

是最强的，通过与好的行业设计团队、国际巨头开展合作，共同创造出面向全球的好创意。同时公司通过实施知识产权战略，走专利、商标、版权立体式的知识产权创造、运用和保护之路。截至2012年12月，奥飞动漫在国内著作权登记达2388件；专利申请1889件，已授权1774件；国外专利申请80件，已授权59件；国内商标申请3404件，已注册2517件；国外商标申请442件，已注册384件。

通过不断加强商标推广力度，奥飞积极参与国际竞争，带动中国商标、IP、动漫文化"走出去"，市场占有率保持持续增长的良好态势。早在1997年，奥飞已经启动国际商标注册保护，积极利用国内注册资源的优势，布局多个国际化优质品牌，在全球近150多个国家及地区申请商标保护，使国际商标保护与国内商标保护并行。

2017年6月30日，国家工商总局和世界知识产权组织在江苏省扬州市举行中国商标金奖颁奖大会。奥飞娱乐从全国众多知名企业中脱颖而出，被评为全国"2017年中国商标金奖—商标运用奖"单位，是广东省内唯一获此殊荣的企业。"中国商标金奖"是我国商标领域的最高荣誉，素有中国商标界"奥斯卡"的美誉，其分为"商标创新奖""商标运用奖"和"商标保护奖"三个奖项。奖项竞争激烈，来自各行业的知名企业云集，评选标准高，指标考核严苛，评审更加注重企业商标的注册、使用、维护及产生的实际效应等，成功申报的难度大。

2016年上半年奥飞娱乐营业收入15.18亿元，同比增长20.56%；归属于上市公司股东的净利润2.92亿元，同比增长14.62%；经营活动产生的现金流量净额2.89亿元，同比增长822.60%；总资产79.02亿元，同比增长64.30%；归属于上市公司股东的净资产45.49亿元，同比增长50.17%。

目前，奥飞已具泛娱乐生态雏形，拥有丰富的产品端以及多个泛娱乐产业链布局。2016年上半年，奥飞紧紧围绕"打造以IP为核心的泛娱乐生态"的目标，切实推动"内容为王""互联网化""国际化""科技化"的战略落地，在精品IP打造以及"IP+"各个产业的发展均取得了阶段性成果。

2. 中海信公司

中海信公司是一家大型综合性投资企业集团，投资领域涉及金融、文化教育、互联网、房地产开发、产业地产开发与运营等。作为创新产业的政企合作平台，中海信首创了政企合作的全新模式，由政府与中海信公司共同搭台，园区企业自主经营。中海信（汕头）创新产业城项目位于濠江区南山湾片区，项目规划占地面积约2000亩，包含产业功能区和配套功能区。产业功能区包括产业孵化、产业加速、研发中心、金融中心五大功能区。配套功能区包括教育、会议酒店、欧洲小镇、生活配套、休闲旅游五大功能区。其中产业开发区占地面积约1000亩，项目建成后预计引入各类创新型企业300家，每年可创造产值100亿元，实现税收8亿元。2016年，在汕头市政府的支持下，该区加大招商引资力度，推进中海信（汕头）创新产业城项目开发建设。在短短3个多月时间里，濠江区配合中海信公司完成前期准备工作，促使项目顺利落地建设，使中海信成为汕头市开展创文强管后第一个回乡投资创业的潮籍企业。

"创新产业系列园区"的"创新"之处就在于，它试图用精选出的26个产业园区，为成百上千的工业区树立起产业园区的新样板，并同时为这些园区努力提供相适应的政府公共服务，用"统一规划、统一标识、统一宣传、统一配置、统一服务"的方法逐步形成一套符合产业升级要求的产业园区标准，使其能够更好地被其他工业区效法，从而推动整体的产业升级。由于信息不对称，政府去寻找这些企业往往成本很高，但专业的产业园区运营机构在市场上摸爬滚打，市场信息更加灵通，由它们去招商比政府招商更具优势，也更具效率。

5.4.5 汕头市各主要政府部门的积极作为

目前汕头市面临着诸多问题：企业自主创新能力不强、产业层次偏低、新经济新产业尚未形成规模、传统产业转型升级任务重、实体经济困难较多、基础设施欠账大、保障和改善民生任务依然繁重。

汕头市针对这些问题制定了50条具体优惠政策，推进民营企业继续加快发展，继续担当发展的主力军。汕头市人社部门按照市委、市政府双创的部署，在增加创业孵化基地数量、推进积极就业创业政策落实到位、制定实施简明管用人才政策、继续组织举办创业创新大赛、加大力度推进汕潮揭人力资源网上市场建设、鼓励和扶持更多群体投入创业等多方面精准发力，营造大众创业、万众创新的良好环境。

5.5 佛山市

5.5.1 佛山市创新现状描述

1. 国民经济综合发展概况

2016年，佛山市地区生产总值8630亿元，位居全省第3名，占广东省的10.9%，同比增长7.8%，增速高于全国（6.7%）1.1个百分点，低于全省（9.2%）1.4个百分点，随着与前两名广州市和深圳市的差距扩大，在全省的比重也降低了约1.5个百分点，佛山市2009—2016年GDP增长情况见图5-9，佛山市地区生产总值近年来在广东省内占比约11%。2016年年末人口数达746.27万人，人均GDP为115891元，位列全省第 4 位，高于全省平均水平（77785 元）38106 元；就业人数 438.41 万，全省第 4 名；第三产业增加值 3338.68 亿元，全省第 4 名；区域创新综合值 38，位列全省第 6 位。总体看，佛山市各项指标在全省靠前，属于广东省 21 地市的第二梯队城市。

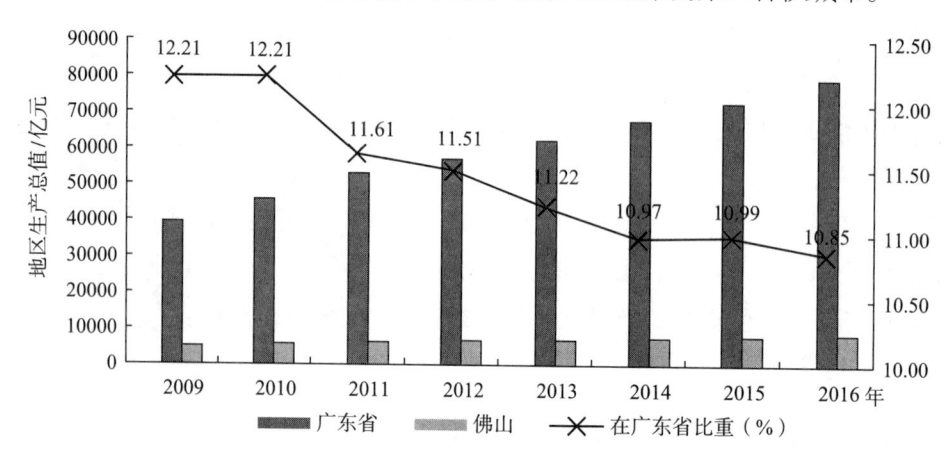

图 5-9　2009—2016 年佛山市地区生产总值增长及在广东省占比

资料来源：广东省统计年鉴 2010—2017。

2. 工业发展情况

2016 年，佛山市规模以上工业实现增加值 4718.72 亿元，增长 7.7%。先进制造业增加值 1809.65 亿元，增长 10.8%，高技术制造业增加值 376.91 亿元，增长 10.3%，现代服务业增加值 1974.56 亿元，增长 12.2%。其中电子计算机及办公设备制造业增长最快，达 18.7%，其次是医药制造业增长 16.0%，电子及通信设备制造业增长 9.0%，医疗设备及仪器仪表制造业增长 5.4%。2016 年进出口总额 4130.8 亿元，同比增长 1.1%，其中出口 3105.4 亿元，增长 3.6%；进口 1025.5 亿元，下降 5.8%。

佛山高新区是佛山制造业、创新驱动的排头兵、先锋。已形成汽车整车及零部件制造、高端装备制造、光电、新材料、智能家电、生命健康七个高新技术产业集群，集聚了一汽大众等世界 500 强投资企业 54 家、上市及新三板挂牌企业 59 家，聚集的 343 家高技术企业约占佛山全市高技术企业数量的一半。按照创建国家高新区 20 强的目标，佛山高新区要在 2020 年达到 1200 家高技术企业。目前已向科技部申报建设中国（广东）机器人集成创新中心，把集成商、企业聚集到高新区，为产业转型省级奠定初步基础。佛山是全国的制造业大市。2016 年广东省百强企业名单中，佛山市占据 5 个，包括美的集团、碧桂园、格兰仕等。截至 2017 年 6 月，佛山市上市企业 38 家，主要涉及行业为电气机械和器材制造业、建材家居、塑料造纸等制造业及房地产。

3. 科技发展情况

（1）科技发展统计。

2016年年末，佛山市共有工程中心1764家，其中省级工程中心395家，市级工程中心627家，高新技术企业1388家。新增省级工程中心106家，全年获省级科学技术奖励12项，市级科学技术奖励93项，发明专利申请量18273件，授权3348件。新增中国驰名商标4件，全年获得广东省名牌产品177个，有效期内广东省名牌产品500个。

（2）创新模式。

一是依靠制造业基础吸引大批人才前来创业，形成产业聚集。佛山是半导体产业聚集地，坚实的产业基础吸引了一批高端人才入驻，截至2016年10月，已签约16个顶尖创新团队来佛山扎根。如广东昭信光电科技有限公司刘胜2008年落户佛山，与昭信集团在灯具、半导体照明、外延装备、芯片等方面进行合作。团队在照明装备方面的研发，打破了国内只能进口国外照明装备的壁垒。2009年，刘胜成为首批"国家千人计划"专家之一。2014年曾在通用电气供职的邹湘萍带领团队扎根佛山，从事新材料领域的研发工作。

二是提供高效周到的政务服务，留住人才。佛山安齿生物科技有限公司是2014年广东省唯一的"中国留学人员归国创业人才"，佛山市为该团队提供了全面的政策支持和平台建设，先后给予扶持资金2000万元。2016年年底，华数机器人和北京航天云网合作，建立国内首个机器人云平台。伟仕达是佛山首个导入该平台的企业，该平台通过对大量的工业机器人运行数据进行采集与分析，不仅提供基于云平台的远程技术支持功能，还可以提供基于大数据的系统预警、健康诊断与保养功能。

5.5.2 佛山市创新能力评价

2016年，佛山市创新能力全省排名第6，比2015年上升1位，见表5-7。从指标分析结果可以看出，投入方面排名第3位，与2015年持平；产出方面排名第8位，也与2015年持平；产业升级方面进步较大，由2015年的第10位提升到2016年的第6位；产业创新环境排名第5，保持不变。

从具体指标来看，投入方面，知识产权专项经费投入数值增长很大，但全社会研发经费支出与GDP之比退步较大；产出方面，子项指标与2015年相比变化不大。但相比投入和产出的排名，产出排名落后于投入排名，说明相比于省内其他市级地区，创新投入力度大，但没有达到相对应的效果。产业升级方面，单位GDP能耗下降快，由2015年的第11位跃升至省内第1位，应继续保持；产业创新环境方面，整体及子项指标基本稳定，全员劳动生产率虽排位不变，但指标值大幅提升，但科研机构数在省内处于落后位置。

总体来看，佛山市创新能力位居广东省前列，多数创新衡量指标保持增长态势，尤其是对知识产权的重视程度增大，全员劳动生产率水平的大幅提升也显示出企业生产技术水平、经营管理水平、职工技术熟练程度和劳动积极性的提高。但是，全社会研发经费还有待进一步加大投入，提高技术水平。

表 5-7 佛山市创新能力指标分析表

指标名称	2015年综合指标 指标值	2015年综合指标 排名	2016年综合指标 指标值	2016年综合指标 排名
综合值	36.26	7	38	6
1 投入	50.35	3	51.62	3
1.1 全社会研发经费支出与GDP之比	59.65	2	50.49	6
1.2 每万名就业人员中研发人员数量	79.9	3	75.95	3
1.3 规模以上工业企业研发经费支出占主营业务收入比重	34.37	6	30	7
1.4 知识产权专项经费投入	15.13	4	45.06	3
2 产出	19.18	8	20.37	8
2.1 万人有效发明专利拥有量	12.42	5	15.61	5
2.2 PCT专利申请数占全省PCT专利申请量的比重	2.3	4	2.39	4
2.3 高技术制造业增加值占规模以上工业比重	10.32	14	10.44	14
2.4 新产品销售收入占主营业务收入比重	34.96	8	37.34	9
2.5 单位规模以上工业企业拥有研发人员数量	39.95	7	38.88	5
3 产业升级	42.20	10	47.65	6
3.1 第三产业增加值占GDP比重	17.73	18	11.04	18
3.2 先进制造业增加值	30.0	3	29.29	3
3.3 单位GDP能耗增长速度	76.85	11	100	1
4 产业创新环境	37.9	5	37.8	5
4.1 科技支出占财政总支出比例	47.72	7	50.15	5
4.2 全员劳动生产率	39.83	6	76.32	6
4.3 科研机构数	2.2	16	0.98	18
4.4 每千人拥有的企业数	55.19	6	52.96	5

5.5.3 佛山市主要企业及行业的创新活动分析

1.美的集团

美的集团，总部设在顺德，是佛山入选2016年《财富》杂志世界500强的唯一企业。美的致力于成为家电领域的"科技创新领跑者"，研制的IADD自动投放智能洗衣机荣获 2012 年国家科技进步奖。2016 年实现营业总收入 1598 亿元,同比增长 15%,净利润 159 亿元,同比增长 16%。2012—2016 年这 5 年投入研发资金超过 200 亿元,已在全球 8 个国家设立了 17 个研究中心,研发人员超过 10000 人。美的中央研究院现有员工中,硕士、博士占比达到 65%。外籍资深专家超过 300 人,保持与 30 多个国内外科研机构的紧密合作。截至 2016 年,美的集团累计拥有授权专利已达 26000 余件。2016 年,美的全集团申请专利 13546 件,发明专利 5562 件。美的集团坚持每年按销售收入的 3% 以上比例进行科技创新投入。董事长方洪波在 2013 年明确指出,今后几年美的集团将不会再扩大产能,资金主要投向看不见的领域,如研发、技术和高端人才引进等方面。

美的的研发机构和智慧家居。美的集团拥有空调、冰箱、洗衣机、微波炉等产品国家认可实验室,拥有德国 VDE、美国 UL 认可实验室等。2010 年投资 2 亿元组建上海电机研发中心,引进了国际知名的电机技术带头人及研发团队;2011 年成立中央研究院,总投入超过 4 亿元,收购开利拉美空调业务,成立美的—开利拉美空调合资公司;2012 年科技总投入 37 亿元,2013 年发布 M-smart 智慧家居战略。为推进智慧家居战略,美的下属事业部调整了以往与大学和科研机构产学研合作的模式,更加注重系统化,梳理整个产业的发展方向,研究美的要建立的核心竞争力,确保未来技术的领先和差异化,再决定在哪些领域突破并投入经费。

注重引才留才。美的的产品由原来的传统家电转向智能家电,所以美的最缺的就是人工智能方面的高级专家和人才,为了吸引人才,启动"美的星"计划,以百万年薪、三年快速晋升的待遇,重点招聘全球前 50~100 强大学的顶尖科技人才。美的集团推出面向中高层及业务骨干的多层次激励方案,包括第三期合伙人计划、限制性股票激励、第四期股票期权。前期已有约 2000 人参与激励计划,本次将继续覆盖中高层及核心业务骨干超过 1600 人,以公司、部门、个人的多维度业绩考核,分享长期激励,确保管理层与公司长期价值成长的责任绑定,进一步优化公司治理。技术人才如果有好的项目、创新成果,美的有更灵活的制度安排,提供美的用户研究中心、可靠性实验室、全球渠道,快速把概念性产品转化为商品。以人才为基础设立研发中心,如在深圳和上海设立了研发中心,2016 年投资 1000 万美元在硅谷设立研发中心。从 1995 年开始,美的集团举办科技大会,其中的"科技明星奖",自项目设立以来,一直按 10 万元标准进行奖励。营造鼓励创新的企业氛围,奖励力度很大,科技月奖励逾亿元。

2. 碧桂园集团

碧桂园集团,成立于 1992 年,2007 年在香港上市,总部位于佛山顺德,是中国最大的新型城镇化住宅开发商，在2016年《财富》杂志世界500强中名列第467位。截至2016年年底，碧桂园已签约或已摘牌的项目总数为728个，其中722个位于中国、马来西亚有4个、澳大利亚1个、印度尼西亚1个。位于中国的项目分布于28个省/自治区/直辖市的185个城市，总计覆盖456个区/县，而且覆盖范围正在进一步扩大，2017年还将投入1500亿拿地。这种市场导向的布局下，2016年，碧桂园销售收入3088亿元，同比增长120.3%，在国内前三强房企（万科、恒大、碧桂园）中，碧桂园增长最快。其中，净利润119.8亿元，59%的国内合同销售额来自一二线城市，41%来自三四线城市。现有员工13万人，拥有来自哈佛、麻省理工等顶尖高校的博士生580名，2017年碧桂园至少扩招300名博士，其中至少有200名博士是海外招聘，海外启用，累计达到1000名。

此前有人在讨论"华为会不会从深圳跑掉"，深圳的成功是因为市场环境、产业基础和配套完备，但是高房价增加了企业和员工的成本，虽然高房价未必会吓退高收益和高薪的科技创新人才，但高成本下的企业和个人承受能力可以维持多久？土地成本低、生态环境好的卫星城有机会承接一线城市产业的需求，这也正是碧桂园看到的机会。所以，作为房地产主营业务的战略补充，2016年8月，碧桂园紧随国家战略部署，发布了"产城融合战略"，推出了建设科技创新智慧生态小镇（简称"科技小镇"）的计划，瞄准国家创新和绿色产业的发展规划，更多地引入微创企业、实体企业、研发机构等，计划投资超千亿元，目前已在深圳、北京等周边落地5个科技小镇，包括惠州潼湖科学城、潼湖创新小镇、惠东稔山科技生态城、东莞黄江硅谷小镇等，2017年将完成全年20个科技小镇的布局。

科技小镇的目标是为凤筑巢，陪伴成长。在一线城市周边及强二线城市，距离城市核心距离不超过60公里，一般有高速公路直达核心城市，使小镇到城市中心的距离在30~90分钟，碧桂园力图将其打造成为产城融合、宜居宜业的智慧型枢纽性双创新城镇。坚持"1+N"的发展模式，即碧桂园自身持重资产，做平台搭建、会聚科技人才、引进企业入驻、配套基金孵化、导师培训、配套教育等。

以惠州的潼湖科技小镇为例，位于潼湖生态智慧区内，属于粤港澳大湾区的重要支点，距离深圳市中心50公里、惠州市中心20公里、东莞市中心40公里，周边100公里内有4座枢纽型城市，周边拥有高新区是上一轮深圳制造业转移的重点区域。规划面积5~7平方公里，投资约300亿元，分为东中西3个组团，即东部以智慧+科技服务为核心，打造多功能的智慧产业基地；中部组团以智能制造和智能控制为核心，打造智能制造平台；西部组团以大数据和互联网为中心，形成高新技术研发的制造产业基地。华星资本、软通动力、创新工厂、深圳无人机协会等近100家企业机构已签约进驻碧桂园科技创新小镇。杨国强对小镇的期望是，所有来这里的人，工作和生活都能享受完善的配套服务，不管是上班还是散步都很舒适，同样可以找到最好的咖啡店。小镇将采用垂直绿化生态建筑理念，所有建筑外墙都将尽量长满植物。

碧桂园自己将设立20亿元的产业基金，率先对园区内的企业提供资金支持。未来5年，碧桂园将投资千亿，按照不低于森林城市的建设标准开发多个科技小镇，科技小镇将成为碧桂园未来的新增长点。

3. 德奥通航股份有限公司

德奥通航成立于1993年，是中国最大的厨房电器设备和产品的生产基地之一。主要产品有电饭煲、电烤箱、电磁炉等七大系列，一直以来80%~90%业务是出口，日立、虎牌、象印等日本品牌高端电饭煲均由该企业研发并生产。2013年，拟定通用航空发展战略规划，在民用共轴双旋翼直升机、无人机及航空发动机等细分领域战略性布局，创新家电业务和通用航空业务并行推进。

德奥通航2014年以来大量收购海外通航资产，先后收购了东营德奥、瑞士MESA股权、德国SkyTRAC/SkyRIDER技术资产、梧桐投资所持RotorflyR30直升机资产包，收购德国Hirth100%股权、参股无锡汉和无人机公司、与苏通科技产业园区签署战略合作备忘录、成为奥地利SAG中国区独家总代理。除农林植保的工业无人机外，其目前拥有的通航飞行器已经全部取得美国、欧盟、中国三方认证，产品系列可以覆盖从飞行入门培训到飞行职业培训的各个阶段。2015年拟定增募集资金总额不超过47.46亿元，再度加码公司通航业务。R100和S100无人机成为公司主打产品：公司核心主打R100和S100两款产品，R100主要靠国内南通工厂自主研发，目前正在样机阶段；S100主要从奥地利引进，主要用于打造公司无人机的运营业务。同时，德奥通航将通过并购转化瑞士公司MESA、德国Hirth等相关子公司技术应用于自主产品上，充分整合国内外无人机产业资源。

在公司主业的厨房家电产品方面，德奥通航是日本东芝、三洋在国内的战略合作伙伴，2016年，与小米进行战略合作，推出"米家"系列产品，确保产品的持续竞争力。

最新的数据显示，德奥通航是佛山研发投入强度最大的企业，将企业营业收入的14.63%用作研发费用，与华为相当。2016年研发投入763亿元，约占营业收入5215亿元中的14.63%。此外，德奥通航通过非公开发行股票的形式募集约47.46亿元资金，投向共轴双旋翼直升机优化研发项目、航空转子发动机优化研发项目、无人机运营服务项目、现代化产业基地建设等项目。

5.5.4 佛山市政府部门的积极作为

第一，政策上优化科技创新创业环境，加强企业技术改造。2013~2015年，佛山市陆续制定了专项资金管理、风险补偿基金、科技服务业发展等十余个配套政策，逐渐建立起较为完善的科技创新政策体系。2013年，佛山市政府以"1号文"的形式颁发了《佛山市建设国家创新型城市总体规划（2013—2020年）》，同时出台了相关实施方案和创新平台、创新团队、重大专项、知识产权四大配套文件；印发了《关于实施创新驱动发展战略建设国家创新型城市的决定》《佛山市人民政府贯彻落实广东省人民政府关于加快科技创新的若干政策意见的实施意见》以及加快培育高新技术企业和加快推动规模以上工业企业研发机构建设的两大专项行动方案，进一步优化全市创新创业环境。

以龙头骨干企业技术改造为重点，来推进产业链关键环节的改造。对此，佛山市出台了《佛山市推动新一轮技术改造促进转型升级的实施细则》《佛山市优质技改创新项目贷款风险补偿基金管理暂行办法》《佛山市"百企智能制造提升工程"实施方案》《佛山市扶持企业推进"机器换人"实施方案（2015—2017年）》等一系列支持企业技术改造、发展智能制造的政策文件，强化财政资金扶持力度，构建政府引导、市场运作的多元化企业融资服务体系，推动企业加快技术改造步伐。

第二，出台创新驱动发展三年行动计划。一是狠抓高新技术企业培育，新增高新技术企业671家，总数达1388家，增长93.6%。建成新型研发机构30家，省级重点实验室17个、工程中心395家、技术中心150家；规模以上工业企业研发机构、规模以上高新技术企业工程中心建有率分别达20%、85%。实施科技企业孵化器倍增计划，新增国家级科技企业孵化器6家，总数达10家；新增国家级众创空间试点单位5家，总数达15家。完成工业技术改造投资550亿元，增长42.4%，总量稳居全省首位。二是深化产学研合作，启动近80项企业和产业关键核心技术攻关项目；与清华大学签订战略合作协议。佛山科学技术学院引进中国科学院院士、"千人计划"专家等高层次人才48人，录用博士109人，新校区建设进展顺利。实施重点产业人才引进培育暂行办法，全市新增市级以上创新团队19个，拥有国家"千人计划"专家41人。三是建设国家商标战略实施示范城市。省市共建引领型知识产权强市启动。四是科技型中小企业信贷风险补偿基金累计帮助企业获得贷款授信20.46亿元。新增新三板挂牌公司38家，总数达79家；新增私募股权投资基金55家，总数达334家。佛山海晟金融租赁股份有限公司获批运营，成为佛山首家金融租赁公司。广东金融高新区入驻金融机构和项目310家，总投资597.5亿元；股权交易中心注册登记企业2340家，帮助企业融资939.39亿元。

第三，创新平台方面。佛山市政府与中科院合作共建佛山中国科学院产业技术研究院，完成了1个育成中心、1个产业技术研究院、7个专业中心、16个创新平台和6个产业园区的合作布局，近100个项目实现产业化，带动产值超500亿元。2012年年底启动建设的南海广工数控装备协同创新研究院，着力打造工业机器人、精密装备和3D打印三大中心，已有22个团队进驻，累计服务企业36家，申请专利27件；顺德西安交通大学研究院已投入运营，累计引进团队3个，完成11项科技成果，部分成果实现产业化，如轻质多功能材料投入军用，已在珠海航展展出。在吸引人才方面，出台市级创新团队扶持政策，吸引了包括"千人计划"入选人才、美籍华人在内的300余名创新创业人才。

第四，科技金融方面。佛山市设立规模2亿~3亿元的科技型中小企业信贷风险补偿基金，基金实施半年内，帮助企业获得授信2.9亿元，获得贷款扶持的企业39家，其中，希荻微电子和艾乐博机器人2家科技型企业通过得到基金的增信扶持，成功引进了战略投资者。同时，成立佛山科技金融综合服务中心和顺德分中心，出台《佛山市科技保险试点方案》，推进科技保险试点工作。出台并完善《佛山市专利资助办法》，加大对专利的资助力度，拓宽资助领域，取消众多限额设置。

第五，智能制造方面。出台《佛山市"互联网+"行动计划》，引导1022家企业开展"互联网+"应用推广。实施"百企智能制造提升工程"，在陶瓷、纺织、家电等传统行业中广泛建立机器人示范生产线，打造柔性化生产、场景化应用的示范工厂，全力打造珠江西岸先进装备制造产业带龙头城市。

5.6 韶关市

5.6.1 韶关市创新现状描述

1. 国民经济和社会发展综合概况

2016年，韶关市地区生产总值（GDP）为1218.39亿元，位于广东省第16位，同比增长5.9%。增速低于全国（6.7%）0.8个百分点，低于全省（9.2%）3.3个百分点，与前两名广州市和深圳市差距10倍以上，韶关市2009~2016年地区生产总值情况见图5-10。

2016年年末，韶关市常住人口数为295.61万，人均生产总值41216元/人，全

省排名第 13 名，低于广东省平均水平（77785 元／人）36569 元。2016 年，韶关市就业人口数为 144.48 万，位列广东省第 15 位；第三产业增加值 604.38 亿元，也位列广东省第 15 位；区域创新综合值为 123.04，位列广东省第 11 位。总体而言，韶关市国民经济发展水平在广东省处于中下游，创新能力排名中上游。

2016 年，韶关市规模以上工业增加值为 334.24 亿元，较 2015 年（309.71 亿元）增长 7.9%。在规模以上工业中，县及县以下属工业增长 7.2%，市属工业增长 19.7%，省属工业增长 0.5%；民营工业增长 5.9%。钢铁工业增长 17.7%，增速回升 26.6 个百分点；有色金属工业增长 7%，增速回升 13.2 个百分点。2016 年，钢铁、有色金属、电力和烟草等 7 大传统支柱产业增加值占全市规模以上工业增加值的比重为 56.32%，其中增长的有：制药工业增长 22.9%、钢铁工业增长 17.7%、有色金属工业增长 7%、电力工业增长 7.6%；下降的有：烟草工业下降 7.6%、玩具工业下降 12.2%、机械工业下降 4.2%；高技术制造业增加值 16.4 亿元，增长 14.5%；先进制造业增加值 103 亿元，增长 11.6%；装备制造业增加值 39.5 亿元，增长 7.6%；优势传统制造业增加值 103.4 亿元，增长 0.1%；家具制造业增长 13.3%，建筑材料业增长 0.8%，金属制品业增长 37.9%，纺织服装业下降 6.8%。

韶关市经济社会发展存在的主要问题：经济发展速度较慢，长期积累形成的经济结构不合理、创新驱动乏力、内生动力不强、固定资产投资项目前期工作耗时长、投资拉动作用减弱、工业发展后劲不强等问题仍然突出，全面建成小康社会还存在较多短板指标。

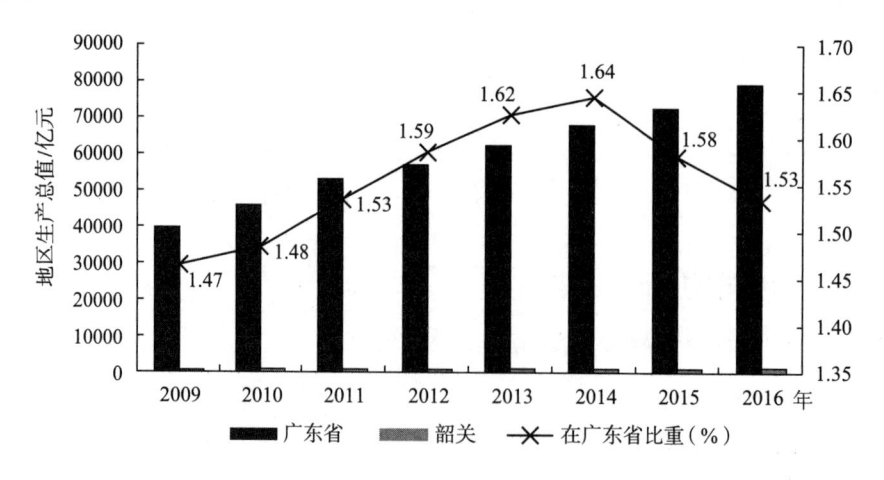

图 5-10 2009—2016 年韶关市地区生产总值增长及在广东省占比

资料来源：广东省统计年鉴 2010—2017。

2. 科技发展情况

2016年，韶关市全社会研发经费投入总额13.2亿元，全省排名第12名，较2015年（11.98亿元）增长10.18%；规模以上工业企业593个，较2015年（628家）减少35个。规模以上工业企业主营业务收入1174.78亿元，规模以上工业企业新产品销售收入97.78亿元。截至2016年年末，韶关市每千人拥有企业数5.19家，先进制造业增加值106.07亿元。

2016年，韶关市新增国家高新技术企业27家、省级工程技术研究中心6家。年末拥有省级工程技术研究开发中心24家，省市工程中心累计达到63家，其中省级重点研发中心2家。国家级高新技术企业65家，省级民营科技企业81家，省级火炬计划特色产业基地3个。全年取得科技成果56项，其中5项获省科技进步奖。全年专利申请3428项，专利授权2087项，其中发明专利申请719项，发明专利授权117项。

5.6.2 韶关市创新能力评价

表 5-8 韶关市创新能力排名

指标名称	2015年综合指标 指标值	2015年综合指标 排名	2016年综合指标 指标值	2016年综合指标 排名
综合值	22.48	9	21.43	10
1 投入	18.7	9	18.8	9
1.1 全社会研发经费支出与GDP之比	21.66	9	19.9	9
1.2 每万名就业人员中研发人员数量	16.19	10	16.14	10
1.3 规模以上工业企业研发经费支出占主营业务收入比重	33.3	8	33.76	5
1.4 知识产权专项经费投入	0.54	14	3.06	14
2 产出	7.86	13	10.52	12
2.1 万人有效发明专利拥有量	1.13	12	1.3	12
2.2 PCT专利申请数占全省PCT专利申请量的比重	0.22	10	0.25	10
2.3 高技术制造业增加值占规模以上工业比重	5.97	17	6.54	17
2.4 新产品销售收入占主营业务收入比重	11.32	13	20.39	12
2.5 单位规模以上工业企业拥有研发人员数量	26.41	11	29.22	9
3 产业升级	52.84	4	48.16	5
3.1 第三产业增加值占GDP比重	50.03	4	42.72	4
3.2 先进制造业增加值	1.11	15	1.33	15
3.3 单位GDP能耗增长速度	100	1	93.73	14

续表

指标名称	2015年综合指标 指标值	2015年综合指标 排名	2016年综合指标 指标值	2016年综合指标 排名
4　产业创新环境	19.52	13	15.77	13
4.1　科技支出占财政总支出比例	23.57	10	14.08	13
4.2　全员劳动生产率	22.61	14	24.17	12
4.3　科研机构数	18.68	4	13.37	4
4.4　每千人拥有的企业数	9.58	16	8.75	16

2016年韶关市创新能力全省排名第10位，对比2015年，综合指标值略有下降，排名退后1位，见表5-8。分指标分析，韶关市创新投入全省排名第9位，与2015年排名一致；产出排名第12位，指标值略有增加，排名前进1位；产业升级排名第5位，排名下降1位；产业创新环境指标值略有上升，排名不变，依然为第13位。

总体来说，韶关市创新能力在广东省处于中上游水平。从具体指标分析，在投入方面，尽管投入指标值排名第9名不变，但韶关市规模以上工业企业研发经费支出占主营业务收入比重全省排名第5名，较上一年前进3名。在产出方面，韶关市各项分指标的指标值均有所增加，整体排名第12名，前进1名；其中，单位规模以上工业企业拥有研发人员数量全省排名第9名，前进2名。韶关市产业升级指标排名下降主要是由于单位GDP能耗下降速度放缓。在产业创新环境方面，韶关市创新环境在全省处于中游偏下，为进一步改善韶关市创新生态，市政府需要增加科技支出占财政总支出比例，加强创新体系建设，提高全市劳动生产率。

5.6.3　韶关市主要企业及行业的创新活动分析

1. 韶能集团韶关宏大齿轮有限公司

韶能集团韶关宏大齿轮有限公司是广东省最大的专业齿轮生产企业，主要产品有新能源汽车零部件、汽车零部件、工程机械等。现有职工1080人，专业技术人才250人。2007年组建了广东省工程技术研究开发中心，2013年被认定为企业技术中心；2012年与华南理工大学创建了博士后创新实践基地，开展电动汽车的四档变速箱研发项目，广东省科技厅拨款500万元支持此项研发。

宏大齿轮原来以出口为主，近年来国外市场萎缩近20%，逐步退出国际市场，但是依靠科技创新，宏大齿轮与华南理工大学开展高端核心关键零部件领域合作研发，生产出了工业机器人精密RV减速器，此举成为韶关首家进行工业机器人研发并成功生产的企业。在韶关加快融入珠三角的背景下，宏大齿轮从2015年开始研发新能源汽车零部件和工业机器人，主动对接珠三角乘用车市场。数据显示，2014—2016年，宏大齿轮与珠三角地区科研机构开展了近10项合作协同创新项目，3年研发经费投入3534.36万元，占3年平均销售收入的8.52%。自主创新研发项目22项，其中3项省重大科技项目，研发成果转化新产品多达350多种，2015年实现了高新技术产品销售收入2.7亿元，占当年销售收入的66.48%，2015年销售收入呈逆势上扬，提升15%。通过产学研合作，实现了科技创新和研发项目成果转化的快速成长。

2. 中机重工

韶关市中机重工锻压有限公司，是华南地区最具研发能力的大型锻造厂。主要产品为动车组传动装置专用锻件；海洋石油钻井平台桩腿齿条及舷管等。2014年销售额达到1.47亿元。2014—2016年，公司投入的研发费用年年递增1700多万元，占销售收入的5.75%，高于中国制造业500强的平均研发强度1.86%。中机重工锻压有限公司成立仅仅7年多，但是取得了不少创新成果。2011年，中机重工成功装配两条中海油200英尺钻井平台桩腿用齿条和舷管，实现了该类材料在国内的首次应用，打破了国外垄断。2012年中机重工完成了375英尺和400英尺钻井平台桩腿材料的试制，解决了高规格钻井平台桩腿"中国制造"产业化问题，是国内仅有的两三家半圆板生产厂之一。2016年研制的海上石油钻井平台桩腿用半圆板拿到两项国家发明专利，产品一问世，直接使得国际同类产品在中国的售价下降一半。

5.6.4 韶关市主要政府部门的积极作为

韶关市政府先后出台了《韶关市加快推进创新驱动发展"1+N"政策》《韶关市贯彻落实〈广东省改善创新环境五年行动计划〉实施方案》等文件，修订了《韶关市科学技术进步奖励办法》，逐步确立企业作为市场主体的地位。此外，在科技创新方面也积极提供支撑：一是为企业争取研发资金。截至2016年8月，韶关市为企业争取创新资金8000万元，创历史新高，尤其是争取到省财政资金1280万元，支持科技信贷风险准备金，成为粤东西北地区唯一获得支持的省市。二是产学研合作有效推进。韶关市建有产学研技术创新平台8个，新型研发机构3家，省部产学研技术创新联盟、博士后科研创新实践基地各1个，依托产学研结合，集中资源重点，攻克了一批关键技术。三是创新平台成果转化增多。依托企业组建工程技术研究开发中心43家，已成为企业人才技术的集聚平台、成果转化的支撑平台和对外技术合作的交流平台。四是科技金融探索解决融资难问题。省市合作设立了"市级科技信贷风险准备金"，获得省财政资金1280万元，开发科技金融产品，成功为20多家民营科技企业获得融资贷款3亿多元。四是建设莞韶城，由东莞、韶关两市出资成立，定位是成为

韶关的创新驱动平台和生产性服务业集聚区，促进产城融合的重要载体。

韶关市抓住珠三角承接产业转移示范区建设的战略机遇，积极对接东莞韶关产业转移园区（即莞韶城）、东莞大岭山（南雄）产业转移园等，与省粤科金融集团达成合作协议，共同出资7亿元组建韶关首个科技创业基金。主动对接珠江西岸先进装备制造产业带，努力将韶关打造为产值500亿元规模的珠江西岸装备制造产业制造配套基地。

但是，在提高创新能力上，韶关市也存在一些问题。第一，作为老工业基地，韶关市传统工业较多，近两年韶钢、有色、机械、电力等高消耗和高投入的粗放型产业增幅大幅回落，直接影响韶关市经济发展，制约着研发经费的投入。第二，创新人才不足，韶关市高精尖的制造业研发人才奇缺，高端人才普遍不愿意来韶关，在高层次人才的住房、医疗、户籍、配偶工作安置等方面缺乏配套政策。第三，产学研脱节严重，韶关市众多中小企业苦于没有资金，创新点子和项目难以开展。第四，缺乏生产型服务业，从而制约了传统产业转型升级以及二三产业的融合。因此，为进一步提高韶关市创新创业能力，市政府要重点关注经济发展的薄弱环节，强化知识产权保护，加速科技成果转化，加大财税金融支持力度，促进创新创业人才流动。

5.7　河源市

5.7.1　河源市创新现状描述

1. 国民经济综合发展概况

2016年，河源市地区生产总值898.72亿元，位居全省第19名，占全省的1.1%，同比增长10.9%，增速低于全国（6.7%）4.3个百分点，高于全省（9.2%）1.7个百分点，与前两名广州市和深圳市差距21倍，河源市2009—2016年GDP增长情况见图5-11。2016年年末人口数308.10万人，人均GDP为29205元，居全省第19名，低于全省平均水平（77785）48580元；就业人数138.42万，居全省第16名；第三产业增加值406.49亿元，居全省第19名；区域创新能力综合值16.87，居全省第14位。总体看，河源市经济体量很小，增长稳定，主要经济指标在广东全省排名靠后。

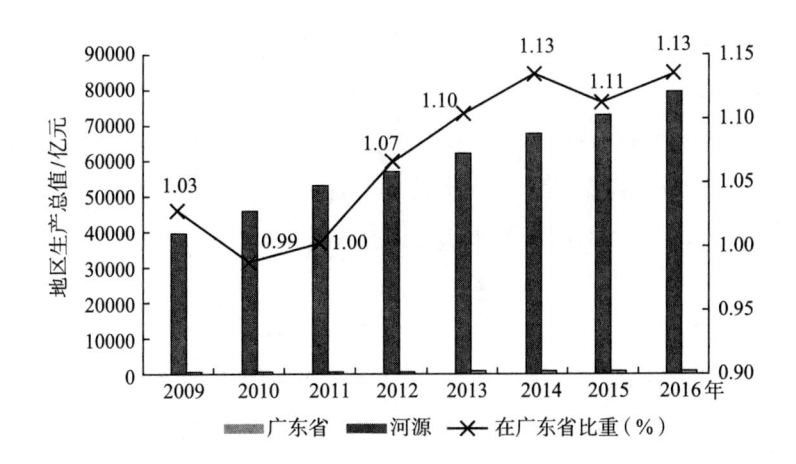

图 5-11　2009—2016 年河源市地区生产总值增长及在广东省占比

资料来源：广东省统计年鉴 2010—2017。

2. 工业发展情况

2016 年，河源全社会工业增加值 405.74 亿元，同比增长 9.5%。规模以上工业企业 600 家，同比增加 70 家，其中年产值超 10 亿元的 28 家，实现规模以上工业增加值 377.17 亿元，同比增长 10.1%。分所有制类型看，国有企业工业增加值 5.28 亿元，增长 11.1%；民营企业工业增加值 239.05 亿元，增长 14.8%；外商及港澳台商投资企业工业增加值 120.78 亿元，增长 1.9%；股份制企业工业增加值 246.96 亿元，增长 14.1%；集体企业工业增加值 0.13 亿元，增长 29.3%，增长最快，远高于其他类型的企业。分轻重工业看，轻工业增加值 101.34 亿元，增长 6.7%；重工业增加值 275.83 亿元，增长 11.0%，重工业增加值在数量和增长速度上均明显快于轻工业。

高技术制造业工业增加值 167.45 亿元，同比增长 9.9%，其中，电子及通信设备制造业工业增加值 91.97 亿元，增长 10.9%。先进制造业工业增加值 189.10 亿元，比上年增长 12.6%。其中，装备制造业实现工业增加值 137.08 亿元，增长 12.9%，钢铁冶炼及加工业实现工业增加值 49.94 亿元，增长 13.0%。

优势传统产业工业增长持续，2016 年实现增加值 78.77 亿元，增长 13.7%，其中，纺织服装业工业增加值 14.62 亿元，增长 13.6%；食品饮料业工业增加值 19.73 亿元，增长 32.3%；家具制造业工业增加值 0.90 亿元，增长 22.2%；非金属矿物制品业工业增加值 19.34 亿元，增长 13.5%；金属制品业工业增加值 15.01 亿元，增长 34.8%；家用电力器具制造业工业增加值 9.16 亿元，下降 21.8%。

六大高耗能行业工业增加值增长 11.3%，其中，非金属矿物制品业增长 13.5%，

黑色金属冶炼及压延加工业增长13.0%；电力、热力生产和供应业增长12.2%；化学原料和化学制品制造业下降12.5%；有色金属冶炼及压延加工业下降61.7%。

全年进出口总额261.0亿元，比上年增长4.0%，其中出口总额188.8亿元，增长7.1%。在出口总值中，河源对美国、欧盟、东盟、日本、中国香港及中国台湾地区的出口额141.1亿元，占全市出口总额的比重达74.7%。

3.科技发展情况

（1）科技发展。

2016年，河源市组织实施国家、省级各类科技计划项目25项，获省科学技术进步奖二等奖2项、三等奖4项；拥有省级工程技术研究开发中心43个，新增19个。其中，河源市高新区为粤东西北地区首个国家级高新区。高新区共有6家省级工程技术研究中心。2016年专利申请受理量达到2969件，其中专利申请授权量1294件，分别比上年增长96.5%和55.5%；高新技术企业66家，本年新增35家。

（2）创新模式——深圳对口援建的"一区六园"。

深圳对口河源共建工业园已形成"一区六园"共7个工业园区，"一区"为河源高新区，"六园"以深圳（河源）产业转移工业园为首，大鹏新区、盐田区、福田区、宝安区、龙华区、南山区在河源五县一区与当地联手布局产业链，即深圳福田（和平）产业转移工业园、紫金县临江工业园、深圳罗湖（河源源城）产业转移工业园、东源县工业园区（产业转移园）、深圳南山（河源龙川）产业转移工业园和连平县工业园。"一区六园"打破地域限制，对接深圳东进战略和河源的南融战略。目前，"一区六园"累计协助引进项目630个，计划总投资1573亿元。其中，投产项目308个，签约未开工项目96个。

河源市国家高新技术开发区的主导产业之一是以手机制造为龙头的电子信息产业。从产业规划布局上考虑，河源市国家高新技术开发区的邻居——深圳大鹏（源城）产业转移工业园通过与高新区进行产业链接和错位发展，建成以电子电器和"四新"（新电子、新能源、新医药、新材料）产业为主的电子信息产业集群，并与市高新区联手做强做大电子信息产业区域品牌。

5.7.2 河源市创新能力评价

2016年河源市创新能力全省排名第14位，上升1位，见表5-9。河源市投入排名第21位，仍居末位；产出排名第11位，下降1位；产业升级排名第10位，上升5位，进步较大；产业环境排名第14位，保持不变。

表 5-9 河源市创新能力指标分析

指标名称	2015年综合指标 指标值	2015年综合指标 排名	2016年综合指标 指标值	2016年综合指标 排名
综合值	14.89	15	16.87	14
1 投入	0.87	21	0.17	21
1.1 全社会研发经费支出与GDP之比	1.4	20	0.04	20
1.2 每万名就业人员中研发人员数量	1.61	19	0.57	19
1.3 规模以上工业企业研发经费支出占主营业务收入比重	0	21	0	21
1.4 知识产权专项经费投入	0.24	17	0	21
2 产出	12.32	10	13.46	11
2.1 万人有效发明专利拥有量	0	20	0.13	20
2.2 PCT专利申请数占全省PCT专利申请量的比重	0	21	0.04	14
2.3 高技术制造业增加值占规模以上工业比重	43.55	5	43.61	4
2.4 新产品销售收入占主营业务收入比重	8.33	16	12.95	16
2.5 单位规模以上工业企业拥有研发人员数量	1.66	19	1.68	19
3 产业升级	33.2	15	44.3	10
3.1 第三产业增加值占GDP比重	31.36	13	30.03	8
3.2 先进制造业增加值	2.66	13	2.57	13
3.3 单位GDP能耗增长速度	61.22	15	94.33	9
4 产业创新环境	17.35	14	15.73	14
4.1 科技支出占财政总支出比例	17.13	13	15.32	10
4.2 全员劳动生产率	22.88	12	22.44	14
4.3 科研机构数	14.29	6	12.75	5
4.4 每千人拥有的企业数	13.01	12	9.97	13

从具体指标看，投入方面，河源市还较为落后，无论是研发人员还是研发经费投入在全省均处于落后水平。产出方面，高技术制造业增加值占规模以上工业比重位居省内前列，PCT专利申请数量在省内的比重进步较快，但其他指标仍亟待加强。产业升级相比投入、产出和创新环境，整体情况最好，第三产业增加值占GDP的比重进步较大，上升5位，单位GDP能耗下降明显，排名也由2015年第15位上升至第9位。产业创新环境方面，科研机构数位列省内前列，科技支出占财政总支出的比例排名也有较大进步，其他指标基本稳定。

总体来看，河源市经济体量较小，创新能力居于省内中游水平。应该继续保持高技术制造业的基础和科研机构数量的优势，提升技术水平，加快追赶，最重要的是要

大力重视和加强对创新的投入，也有助于提升发明专利的产出，从根本上带动河源市创新能力的进一步提升。

5.7.3 典型企业或行业的创新活动分析

1.广东九明制药有限公司

广东九明制药有限公司，成立于1990年，原为河源市属国有企业，现隶属于深圳市九明药业集团，拥有1.5万平方米的现代化GMP厂房和3000多平米的质检实验室。主要生产片剂、硬胶囊剂、头孢菌素类胶囊剂等制剂，合计45个品规药品，其中明妥牌地氯雷他定胶囊属于全球独家剂型的高新技术抗过敏药品。

公司落户河源高新区已7年，其"地氯雷他定胶囊的关键技术研究与产业化"荣获2016年广东省科技进步三等奖，该项目研究成果地氯雷他定是抗过敏药物的第三代产品，是国际指南的理想抗组胺药，该成果填补了我国地氯雷他定胶囊临床用药的空白，技术水平国内领先。该项研发始于2003年，2013年投入生产，10年间仅研发投入就达1亿元。2016年在广东省内的销售收入实现2400万元，预计2017年批量生产后收入可达1亿元左右。

九明制药每年研发投入均保持20%增长，与广东药科大学等高校建立了紧密的产学研协作关系，构建了省工程技术研究中心等研发平台，建立了全自动化的生产车间，完善了人才引进和培育的激励政策，真正让创新成为推动企业发展的"核动力"。2014年，即在企业创立的第四年，九明制药就被评为国家高新技术企业。2016年，该公司获得了22个专利，其中4项是发明专利。

2.景旺电子科技（龙川）有限公司

景旺电子科技（龙川）有限公司，2003年在河源成立，是生产多层电路板与柔性线路板的专业厂家。

作为国家级高新技术企业，景旺电子科技（龙川）有限公司"金属基绝缘孔高导热印制板关键技术研究及应用"技术创新项目获得2015年度广东省科学技术奖二等奖。经过5年多的发展，产值从5亿元发展到现在的14亿元。近5年来，公司与广东工业大学、河源职业学院在人才培养、项目合作、研发平台建设等方面开展密切合作，累计申请专利140件。

河源富马硬质合金股份有限公司在行业整体低迷的态势中逆势上涨，历年投入不低于销售收入5%的经费用于研发，凭借技术创新和智能化改造，实现从毛坯粗加工向产品全系列开发转型，建立了完整的产业链，极大提高了产品附加值，总资产超过1.6亿元，净利润、上缴税费分别增长6.7%、29.4%。

5.7.4 河源市主要政府部门的积极作为

河源市为全面融入"深莞惠3+2"经济圈，投入30亿元，注重产业园区建设，用好深圳对口帮扶资金和政策性银行贷款，积极落实深圳河源产业共建合作协议。同时，制定了《关于促进自主创新的实施意见》《关于依靠科技创新推进专业镇转型升级实施意见》《河源高新区管委会关于加快创新驱动发展的实施意见》，从创业环境、企业主体、创新创业平台、产业转型升级、人才集聚、金融服务体系六方面推进高新区创新和企业发展。出台《河源市工业转型升级攻坚战三年行动计划（2015—2017）》，3年拿出8.7亿元，引导工业企业开展技术改造、科技创新。同时，为企业搭建创新平台，建立了河源广州工业大学协同创新研究院、省科学院河源研究院等一批新型研发机构。河源市税务部门连同财政局科技局举办研发费用加计扣除优惠政策培训班，一批通信企业享受到了优惠：中光电通信技术有限公司近3年累计享受各类企业所得税优惠约440万元。西可通信技术设备有限公司从2012年开始享受研发费用加计扣除优惠政策，累计减免企业所得税1100多万元。

《河源市促进科技创新的若干政策措施》中，明确了对带动能力、服务能力强的省级以上农业龙头企业落户园区的，按其落户后第一年度固定资产投资总额的10%给予一次性支持，单个企业最高可获得100万元。主动承接其他地区特别是深莞惠地区产业转移、联合攻关项目，推动创新平台共享共建、共享创新资源等既符合河源市实际，又具有地方特色的具体措施，其中包括对其他地区特别是深莞惠地区大型研发机构在河源市设立分支机构，按其分支机构建设投资额的10%给予一次性支持，单个机构最高可获得100万元。市外高新技术企业"移民"河源，最高支持200万元。对市外高新技术企业整体搬迁落户河源市并经重新登记备案为高新技术企业的，单个企业给予一次性50万~200万元不等的支持；对在河源市注册、登记并开展科技服务的科技服务机构，连续3年每年按其场地租金的50%给予支持，最高5万元；连续3年每年按其科技服务主营业务收入的3%给予支持，最高15万元。

河源市、县（区）两级政府每年设立科技改革创新专项资金合约1.4亿元，用于高新技术企业培育、科技创新载体建设、新型研发机构发展、科技企业孵化器建设、组织实施重大科技专项、专业镇转型升级发展、科技金融创新和科学技术奖励等。2017年起，河源市财政每年预算安排400万元知识产权专项资金，并逐年增加，主要用于"扎实推进知识产权战略推动创新驱动发展"所需的项目管理、知识产权宣传培训、专利资助、奖励以及专利执法管理工作等。

5.8 梅州市

5.8.1 梅州市创新能力分析

1. 国民经济综合发展概况

2016年，梅州市地区生产总值1045.56亿元，位居全省第17名，占全省的1.3%，同比增长8.9%，增速低于全国（6.7%）2.2个百分点，低于全省（9.2%）0.3个百分点，与前两名广州市和深圳市差距19倍以上，韶关市2009—2016年GDP增长情况见图5-12。

2016年，梅州市年末人口数551.40万人，人均GDP为24031元，居全省第21名，低于全省平均水平（67503元）45348元；全年城镇新增就业30679人，就业困难人员实现再就业3242人。年末城镇实有登记失业人员14029人，城镇登记失业率2.45%，与上年末持平。2016年就业人数214.34万。第三产业增加值462.39亿元，居全省第17名。总体来看，梅州市主要经济指标在广东省排名靠后，占比很小，新增长点少，内生动力不足。

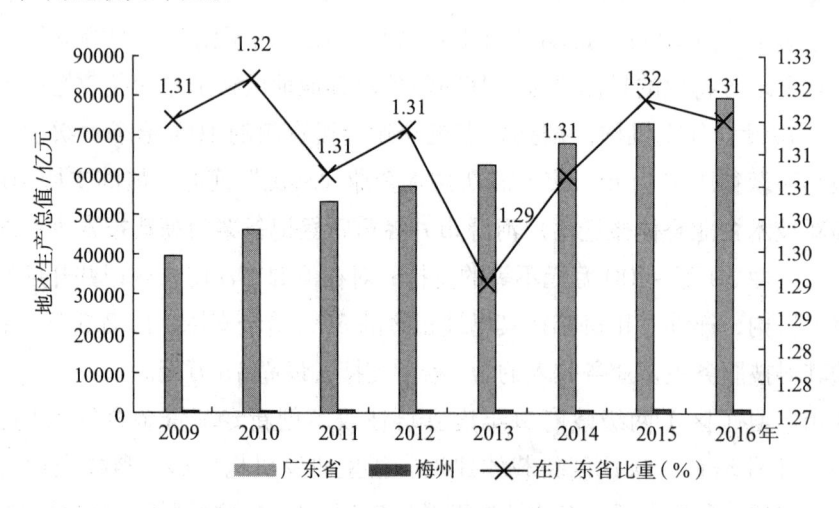

图5-12 2009—2016年梅州市地区生产总值增长及在广东省占比

资料来源：广东省统计年鉴2010—2017。

2. 工业发展概况

2016年，梅州市全部工业增加值303.26亿元，规模以上工业增加值224.21亿元，增长4.6%。规模以上高新技术企业实现产值89亿元，增加值、利润分别为32.3亿元、

5.74亿元。工业发展呈现以下几个特点：一是轻工业增长快于重工业，轻工业实现增加值104.56亿元，增长2.0%，重工业增加值119.65亿元，增长6.9%，重工业增速比轻工业快4.9个百分点。二是支柱产业增速回落。六大支柱产业工业增加值183.50亿元，增长1.2%，增速比上年回落7.5个百分点。其中，机电制造工业增加值19.92亿元，增速最快20.9%；烟草工业增加值最多，为56.09亿元，降速为7.2%。三是园区工业较快增长。全市省级园区实现工业增加值83.39亿元，增长20.8%。四是企业利润总额增速有所提高。此外，以基础设施和公共服务投资为主导的第三产业投资较快增长，以工业为主导的实体经济投资下降。进出口总额略有增长，出口总额和实际利用外资下降。

面临的问题主要有：经济总量较小，人均水平较低；投资规模小，经济发展后劲不足；产业层次低，工业短板突出，重大项目和优势骨干企业少；实体经济面临困难较多，要素成本持续上升，经济增长内生动力不足；财政收入增长放缓与刚性支出需求矛盾加剧；区域经济发展亟须加快，产业结构有待优化；城市功能和承载力亟待提升，城乡发展不协调，城镇化建设有待加快；民生有待改善，社会各项事业有待推进等。

3.科技发展概况

2016年，全市新增高新技术企业31家，高新技术企业总数达到87家，大多数为本土的知名民营企业。已有14家民营企业在新三板挂牌，另有多家民营企业在主板上市。全市外贸进出口总额155.1亿元，增长1.7%，增速比上年回落10.8个百分点。其中外贸出口总额140.4亿元，下降0.5%，增速比上年回落20.9个百分点。

表5-10 梅州市科技发展情况

指标名称	统计截止年份/年	数量	排名	增长率（%）
研发经费投入总额/亿元	2016	4.645	20	-21.86
研发人员数量/人	2016	2678	19	-24.28
规模以上工业企业数/家	2016	458	20	11.11
有研发机构的规模以上企业数/家	2016	25	17	/
开展研发活动的规模以上企业数/家	2016	56	13	/
规模以上工业企业研发经费内部支出额/万元	2015	22510	21	-30.38
规模以上工业企业主营业务收入/亿元	2016	692.8625	21	5.75
规模以上工业企业新产品销售收入/万元	2015	260614.0	20	-14.19
每千人拥有（规模以上）企业数/家	2015	10.1	20	10.66
高新技术产品产值/亿元	2015	31.03	21	-46.52
高校和科研院所研发经费支出额中来自企业比重（%）	2014	18.37	11	-46.37

备注："有研发机构的规模以上工业企业数""开展研发活动的规模以上工业企业数"2015年调整统计口径，故未统计增长率。

2016年年末，梅州市县及县以上科研机构共有16个。年末国有企事业单位拥有自然和社会科学专业技术人员98353人。全市获市级及以上科技成果奖43项。全年全市专利申请量2146件，同比下降31.5%。其中发明186件，同比增长14.1%；实用新型1084件，同比下降51.7%；外观设计876件，同比增长20.7%。专利授权量1544件，同比下降48.3%。其中：发明74件，同比增长60.9%；实用新型792件，同比下降64.1%；外观设计678件，同比下降7.8%。其余主要科技发展统计指标如表5-10所示，总体上梅州市主要科技发展统计指标在广东省处于靠后位置，经济增长后续乏力。

5.8.2 典型企业或行业的创新活动描述

1. 广东宝丽华新能源股份有限公司

广东宝丽华新能源股份有限公司（简称宝新能源）成立于1996年，总部在梅州，1997年在深圳上市，以"新能源电力+新金融控股"为双核心业务，旗下有7家全资子公司。宝新能源从经营农业、服装、旅游、房地产的一个山区小企业成为一个横跨新能源、互联网、金融等多个大行业的上市公司，形成以新能源电力为核心、以现代金融投资为依托的业务架构。2016年宝新能源实现营业收入35.4亿元，同比下降0.96%，净利润为6.75亿元，同比增长4.69%。

宝新能源上市之初，主要从事绅浪品牌服装的产销、建筑施工和房地产开发，母公司宝丽华集团的"雁南飞茶田度假村"资产尚未装入上市公司的资产池里。宝丽华一直在斟酌在哪一个行业里把企业做大，其最终选择以差异化竞争进军新能源电力，股票名称改为"宝新能源"，这既响应了国家鼓励用煤矸石发电的产业政策优势，又有地域方面的资源优势。宝新能源2003年进入煤矸石发电领域，经过10多年发展，建成了总装机容量147万千瓦的梅县荷树园电厂，成为广东省首家采用先进循环硫化床洁净燃烧技术，以及全国规模最大的资源综合利用电厂。电厂30万千瓦煤矸石CFB发电机组及资源循环利用工程项目获得"广东省科学技术特等奖""南方低碳标杆企业"等称号。

2007年成立的陆丰甲湖湾电厂是广东省重点建设项目，宝新能源努力将其打造为世界规模最大、最环保、最节能的绿色能源基地，建成后将是中国电力制造走向世界的新起点。2007年，宝新能源探索进入股权投资和金融投资领域，2009年首次提出"产融结合，双轮驱动"的发展战略；2014年明确了新能源电力和新金融控股的发展方向；2016年设立征信子公司，6月进入融资租赁领域，9月斥资8.8亿元收购百合网；2016年12月，客商银行获批筹建，成为广东省深圳地区外的第一家获批的民营银行,客商银行的五家发起集团中四家上市,总市值超2200亿元,有良好的产业运营背景和深厚的资本实力;2017年2月,成为知名PE投资机构东方富海的第一大股东。

2. 广东嘉元科技股份有限公司

广东嘉元科技股份有限公司,成立于2001年,是一家高新技术企业,专门从事研究、制造、销售锂离子电池用高性能电解铜箔。通过设立合作研发团队、技改项目团队、成果转化团队三个科技创新子团队快速走上了创新之路。其中,合作研发团队通过与华南理工大学、厦门大学等高校和科研院所进行产学研合作,开发高技术含量产品,而成果转化团队则通过消化吸收再创新,自行研发了动力电池用铜箔、储能电池用铜箔等产品。不久前,该公司启动了总投资7.2亿元的最新技改项目。该公司通过创新投入,实现了两次转型。

第一次转型。公司成立之初从事PCB线路板用标准铜箔的生产,2005年通过加大科技投入,转型成以锂离子电池用电解铜箔为主业的高新技术企业。加强技术成果转化,采取边生产边改造的方式对老旧设备进行升级换代,获得了"国家知识产权优势企业""广东省战略性新兴产业骨干企业"和"广东省创新型企业"等荣誉称号。2015年10月,嘉元科技在全国中小企业股份转让系统正式挂牌,成为国内首家进入资本市场的电解铜箔专业生产企业,也成为梅县第一家新三板挂牌企业。

第二次转型。在看到新能源动力汽车的应用市场后,2016年9月,嘉元科技启动了总投资7.2亿元、年产1.5万吨的新能源动力电池用高性能铜箔技改项目。该项目整体建成投产后,预计年产值可达20亿元,提供就业岗位600多个,实现从产能、产值、效益上再造两个嘉元科技的目标。

嘉元科技自主研发的"大功率宽适应性锂离子动力电池用高性能电解铜箔""高比能量锂离子电池用高延展性电解铜箔"产品,被认定为"广东省2016年高新技术产品"。据统计,目前,嘉元科技拥有知识产权113项,其中技术专利108项;拥有科技成果72项,其中高新技术产品15项、广东省名牌产品2项。

5.8.3 梅州市创新能力评价

2016年梅州市创新生态全省排名第16名,较2015年上升1名,整体看各项指标排名均靠后,见表5-11。分指标来看,创新投入指标排名居全省第20名,与2015年排名相同;创新产出指标排名居全省第13名,较2015年提高1名;产业升级指标排名全省第13名,较2015年下降2名;产业创新环境排名全省第18名,较2015年下降1名。

表 5-11 梅州市创新能力指标排名

指标名称	2015 年综合指标 指标值	2015 年综合指标 排名	2016 年综合指标 指标值	2016 年综合指标 排名
综合值	14.18	17	16.82	16
1 投入	1.65	20	2.3	20
1.1 全社会研发经费支出与 GDP 之比	0.0	21	0.0	21
1.2 每万名就业人员中研发人员数量	0.00	21	0.00	21
1.3 规模以上工业企业研发经费支出占主营业务收入比重	6.91	17	7.47	16
1.4 知识产权专项经费投入	0.00	21	2.54	15
2 产出	7.68	14	10.16	13
2.1 万人有效发明专利拥有量	0.49	15	0.48	15
2.2 PCT 专利申请数占全省 PCT 专利申请量的比重	0.04	15	0.04	15
2.3 高技术制造业增加值占规模以上工业比重	22.58	8	22.12	8
2.4 新产品销售收入占主营业务收入比重	6.84	17	16.38	14
2.5 单位规模以上工业企业拥有研发人员数量	19.66	18	7.93	14
3 产业升级	39.93	11	43.04	13
3.1 第三产业增加值占 GDP 比重	34.23	8	29.06	9
3.2 先进制造业增加值	0.33	19	0.25	19
3.3 单位 GDP 能耗增长速度	79.56	10	93.71	15
4 产业创新环境	13.91	17	18.34	18
4.1 科技支出占财政总支出比例	8.21	15	5.27	20
4.2 全员劳动生产率	22.72	13	22.39	15
4.3 科研机构数	13.19	7	11.76	8
4.4 每千人拥有的企业数	11.45	13	10.43	12

从具体指标排名看，创新投入指标中"全社会研发经费支出与 GDP 之比"和"每万名就业人员中研发人员数量"均在全省垫底。创新产出排名中，"高技术制造业增加值占规模以上工业比重"是排名最靠前的；产业升级指标中的"第三产业增加值占 GDP 比重"排名也稳定在前 10 名，2016 年居第 9 名；产业创新环境排名中"科研机构数"也是排名靠前的，居全省第 8 名。

5.8.4 梅州市主要企业的创新活动分析

2016年广东省500强榜单中,梅州市5家企业上榜。包括以水泥、混凝土及新型材料生产为主的广东塔牌集团;以新能源电力为核心、以现代金融投资为依托的广东宝丽华新能源股份有限公司;纤维板生产企业广东威华;以生产高端印制电路板为主的博敏电子股份有限公司;从事印制电路板、覆铜板为主的广东超华科技公司。

5.8.5 政府主要政府部门的表现

梅州市也是广东省唯一入选国家发改委开展PPP创新工作的重点中小城市。梅州市通过《梅州市创业创新投资引导基金管理办法》《梅州市创新重点领域投融资机制鼓励社会投资工作方案》发起和储备PPP项目51个,总投资589亿元。资金扶持和税收减免方面,建立政银企联席会议制度促进双创发展,搭建人才交流、项目孵化、产学研合作平台设立促进创业的小额担保贷款基金、中小微企业信贷风险补偿基金。多家重点民营企业获省级产业发展专项资金扶持。人才培养和引进方面,市级财政每年投入不少于5000万元来会聚精英。重点建设一批孵化育成平台,建设院士团队工作驿站和梅州人才驿站,实施人才安居工程,设立人才创新创业子基金。

5.9 惠州市

5.9.1 惠州市创新现状描述

1. 国民经济和社会发展综合概况

2016年,惠州市地区生产总值3412.17亿元,位居全省第5名,占全省的4.3%,同比增长8.7%,增速高于全国(6.7%)2.0个百分点,低于全省(9.2%)0.5个百分点,与前两名广州市和深圳市相差6倍左右,与第四名东莞市相差1倍。惠州市2009—2016年GDP增长情况见图5-13,惠州市近几年的GDP年增幅约为300亿元,增速及增幅均低于前四名地市。

2016年,惠州市年末人口数477.50万人,人均GDP为71605元,居全省第7名,较全省平均水平(72787元)低1182元;第三产业增加值1402.80亿元,居全省第6名,但仅为第一名广州市的1/10。虽然惠州市总量经济指标排名靠前,但是与前四名,特别是前两名的差距明显。

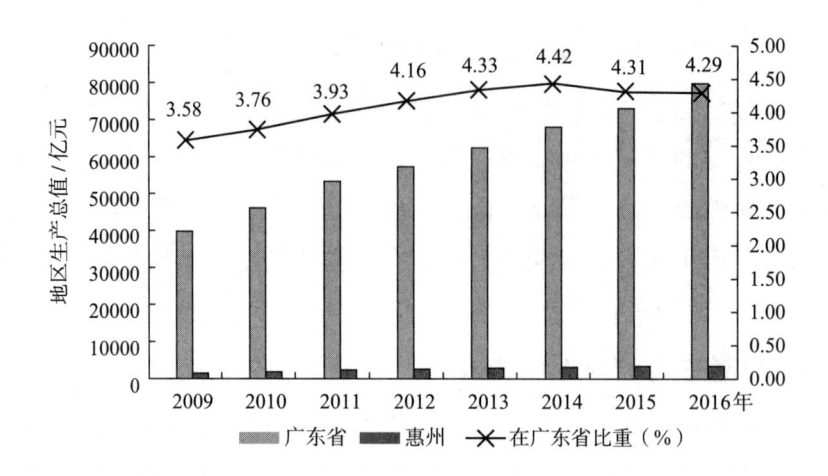

图 5-13　惠州市 2009—2016 年地区生产总值增长情况

资料来源：广东省统计年鉴 2010—2017。

2. 工业发展情况

2016 年，惠州市全年规模以上工业企业 1908 家，实现增加值 1762.18 亿元，增长 8.7%。拥有电子信息和石油化工两大支柱产业，两大支柱依赖三星电子、TCL、中海油惠州炼化、中海壳牌、伯恩光学、德赛电池、联想电子等几个大项目带动发展，这些企业都没有进入惠州市高新技术企业的"笼子"。全市工业总产值超 50 亿元以上的 15 家企业中，只有比亚迪电子、龙旗电子和比亚迪电池是高新技术企业。全市共有高新技术企业 466 家，增长 82.7%。高新技术企业有效发明专利 1394 件，占全市的 54%；3300 多项科技成果转化为高新技术产品。从企业研发情况看，惠州市企业研发一是主要集中在以智能手机制造为代表的电子信息行业。2011—2015 年电子信息产业的研发投入累计 152.9 亿元，占全部规模以上企业研发经费的 63.4%，研发超亿元的电子企业有伯恩光学等 8 家。二是集中在大集团和大企业，研发投入前 10 强企业的经费合计达 21.1 亿元，占 35.3%。

3. 科技发展情况

第一，专利方面。近 3 年来，惠州市专利申请量增幅持续位居珠三角首位。专利申请和授权以外观设计专利为主。2016 年全市专利申请 26123 件，增长 22.0%；专利授权 9891 件，其中发明专利授权 1242 件，分别增长 1.0%、43.1%。发明专利的申请量大幅提高，但授权量比重仍未超过 10%。2015 年惠州 PCT 发明专利 174 件，而深圳的 PCT 是 1.33 万件。惠州市其余主要科技发展统计指标见表 5-12。

表 5-12　惠州市科技发展情况

指标名称	统计截止年份/年	数量	排名	增长率（%）
研发经费投入总额/亿元	2016	67.6932	6	7.59
研发人员数量/人	2016	34926	6	-0.47
规模以上工业企业数/家	2016	4280	8	4.30
有研发机构的规上企业数/家	2015	243	6	/
开展研发活动的规上企业数/家	2015	94	10	/
规上工业企业研发经费内部支出额/万元	2015	597225	6	9.09
规模以上工业企业主营业务收入/亿元	2015	6938.54	5	3.25
规模以上工业企业新产品销售收入/万元	2015	18390243.8	5	8.38
每千人拥有（规模以上）企业数/家	2015	39.8	7	3.66
高新技术产品产值/亿元	2015	3900.25	5	11.35
高校和科研院所研发经费支出额中来自企业比重（%）	2014	7.86	16	-27.75

注："有研发机构的规模以上工业企业数""开展研发活动的规模以上工业企业数"2015年调整统计口径，故未统计增长率。

第二，创新平台建设情况。一是产学研结合方面，惠州市组建省部产学研创新联盟4个、省部产学研结合示范基地7个、省级新型研发机构7家、在建16家；省部产学研创新联盟9个、院士工作站3个；广东省企业重点实验室3个、建立了中科院广州技术转移中心惠州分中心等7家省级新型研发机构、在建新型研发机构14家；有200多家企业与近100所高校院所建立了合作关系，实施了500多个产学研项目。二是孵化器体系建设方面，拥有科技企业孵化器22家，其中国家级5家，孵化面积70.2万平方米；在孵企业达568家，累计毕业企业233家，9家在新三板、创业板、天交所挂牌；建成美国波士顿和德国科隆等海外异地孵化器，推动建设中以孵化器，以实现"国际研发、惠州孵化"；设立孵化器种子资金超1000万元，设立风险投资基金13支，吸引社会投资超过10亿元；设立众创空间22家，其中国家级众创空间11家，累计引进394个孵化团队和项目。三是人才引进和培育方面，共引进博士586人、硕士9382人，拥有高级职称专业技术人才7059人，建有8个博士后工作站；引进科技创新团队18个、领军人才69名。

5.9.2　惠州市创新能力评价

2016年惠州市创新能力在全省排名第7位，对比2015年排名下降2位，见表5-13。分指标看，创新投入排名全省第7位，与2015年相同；创新产出排名全省第4名，比2015年下降2位；产业升级指标排名全省第11位，比2015年下降4名；产业创新环境排名全省第9名，比2015年下降2名。

表 5-13 惠州市创新能力指标排名

指标名称	2015年综合指标 指标值	2015年综合指标 排名	2016年综合指标 指标值	2016年综合指标 排名
综合值	37.85	5	37.15	7
1 投入	32.47	7	35.94	7
1.1 全社会研发经费支出与GDP之比	45.99	6	43.72	7
1.2 每万名就业人员中研发人员数量	42.95	7	53.80	5
1.3 规模以上工业企业研发经费支出占主营业务收入比重	27.12	9	28.14	9
1.4 知识产权专项经费投入	5.26	6	9.40	9
2 产出	39.92	3	40.46	4
2.1 万人有效发明专利拥有量	6.62	7	8.63	7
2.2 PCT专利申请数占全省PCT专利申请量的比重	1.31	5	1.58	5
2.3 高技术制造业增加值占规模以上工业比重	63.55	2	61.06	2
2.4 新产品销售收入占主营业务收入比重	74.64	2	73.97	4
2.5 单位规模以上工业企业拥有研发人员数量	27.08	4	50.08	3
3 产业升级	46.79	7	43.34	11
3.1 第三产业增加值占GDP比重	24.39	14	18.09	16
3.2 先进制造业增加值	20.79	5	19.93	5
3.3 单位GDP能耗增长速度	91.48	5	88.64	19
4 产业创新环境	33.59	7	29.43	9
4.1 科技支出占财政总支出比例	51.92	6	42.08	7
4.2 全员劳动生产率	24.34	10	23.44	13
4.3 科研机构数	23.08	2	18.63	3
4.4 每千人拥有的企业数	27.73	8	28.38	7

从具体指标看，在创新投入方面，"每万名就业人员中研发人员数"指标表现最好，2016年全省第5名；创新产出方面"高技术制造业增加值占规模以上工业比重"位列全省第2名，是所有指标排名最靠前的；产业升级方面，"先进制造业增加值"表现最好，全省排名第5名，"单位GDP能耗增长速度"排名全省第19名，是惠州所有指标排名最靠后的，此外，"第三产业增加值占GDP比重"也比较靠后，全省第16名；产业创新环境方面"科技支出占财政总支出比例"和"每千人拥有的企业数"表现最好，均在全省第7名。

5.9.3 惠州市创新型企业分析

惠州市制造基础比较好，如著名的有老牌大企业TCL集团，以及站在全球行业巨头背后的德赛电池、硕贝德、亿纬锂能等公司，代表本地同行业创新研发较高水平的胜宏科技、中京电子、中潜股份和红墙股份等。但总部设在惠州市的较少，在惠州开展研发的企业不多，所以，这里选取总部在惠州的TCL和亿纬锂能作为惠州本土企业代表。

表5-14 惠州市8家上市公司2016年创新实力

上市惠企	研发投入/亿元	研发投入占营业收入比重（%）	研发人员/人	研发人员数量占比（%）	累计专利申请量/个
TCL集团	42.66	4.01	600	8.55	24669
德赛电池	2.01	2.3	776	8.93	/
硕贝德	1.18	6.82	876	30.53	112
亿纬锂能	1.16	4.97	664	10.68	481
胜宏科技	0.99	5.44	371	9.7	211
中京电子	0.26	3.26	165	10.09	/
中潜股份	0.2	5.34	148	12.93	152
红墙股份	0.16	3.74	38	13.15	75

数据来源：各上市公司年报。

这8家上市惠州企业2016年研发投入加起来达48.62亿元，研发人员共计9838人，累计申请专利超过2.57万项。作为惠州土生土长的国际化企业，TCL集团2016年研发投入42.66亿元、研发人员6800人，优势明显。TCL集团是8家上市惠州企业中唯一年研发投入上10亿级别的企业，研发人员数量是其他7家上市惠州企业之和（3038人）的两倍多。专利申请方面，"2016年度广东省企业专利创新百强"显示，深圳有42家企业入围，广州20家，佛山和东莞各10家，惠州排名第5位，共有TCL集团、德赛工业、华阳集团、亿纬锂能等6家入榜，多为上市公司，TCL集团位居百强榜第5位，如表5-14所示。

1. TCL集团

TCL创立于1981年，总部在惠州。前身为中国首批13家合资企业之一——TTK家庭电器（惠州）有限公司，从事录音磁带的生产制造，后来拓展到电话、电视、手机、冰箱、洗衣机、空调、小家电、液晶面板等领域，于2004年上市。集团现有7.5万名员工、23个研发机构、21个制造基地，在80多个国家和地区设有销售机构，业务遍及全球160多个国家和地区。2016年TCL品牌价值765.69亿元，11年蝉联中国电视机制造业老大。2016年广东百强企业排行榜第14名。截至2016年12月，TCL累计专利申请量达24669项，累计专利授权量达10986项。

技术创新体系及战略合作和转型。一是TCL的企业技术研发体系是由工业研究院牵头核心技术研发、技术中心作为管理平台、由全球23个研发机构共同组成，其中TCL工业研究院是核心技术的孵化基地。二是TCL集团推进"智能+互联网",建立"产品和服务"新商业模式,2015年的服务业板块总收入220亿元,增长20.4%,高于产品销售收入的增长。动作大的战略合作主要有:收购美国palm、33亿参股上海银行、携手腾讯打造互联网生态圈、与紫光集团成立产业并购基金等。

研发方面。目前全球有5300名研发人才,中高级职称占42%,拥有国际先进水平的开发软件、仪器、设备7000多台1套;研发办公面积10多万平方米;拥有CNAL国家产品认可认证实验室9个;与国际知名公司的联合实验室6个;博士后工作站1个。剔除华星光电等TCL其他下属公司的创新及科研成果,2014—2017年,TCL年均研发超过40亿元,专利申请量在国内企业中排名第四,发明专利申请量在国内企业中排名第三,位列彩电行业第一。在半导体投入方面,过去5年累计投入660亿元。

国产电视品牌TCL 2016年出货量为2000万台,IHS数据显示,TCL集团2016年的电视制造量占全球出货量的8.1%,见图5-14。在联合美国Roku开展本地化智能电视业务后,TCL自2014年起连续三年成为美国市场增长最快的品牌。

排名	制造商	数量/百万台	占比（%）
1	Samsung	48.1	19.2
2	LGE	26.5	10.6
3	TCL	20.2	8.1
4	TPV	19.3	7.7
5	Hisense	16.4	6.5

图5-14　2016年全球电视制造量

资料来源:IHS Markit。

TCL旗下已培育出5个百亿俱乐部:多媒体电子、通信、华星光电、家电集团以及销售物流服务。从构成来看,海外收入增长占主营收入的46.5%。其中,2010年深圳市和TCL共同出资245亿元成立的华星光电,已成为TCL集团的利润支柱,也是液晶电视面板制造商中市场占有率第二的企业,在全球的市场占有率为13%。

2.亿纬锂能

亿纬锂能创立于2001年,总部设在惠州市,2009年深圳首批创业板上市。已形成锂原电池、锂离子电子、电源系统等核心业务，产品覆盖智能电网、智能交通、智能安防、储能、新能源汽车等市场，是绿色高能锂电池的全球主要制造商和供应商之一。2016年营业收入23.4亿元，同比增长73.5%，净利润2.52亿元，研发团队420余人。亿纬锂能主导制定了3项国家军用标准，主导起草和参与制定了10多项国家、行业、地方标准，3次获得中国专利优秀奖，专利数量已上升到481项，核心技术专利"一种圆柱电池电容器"打破国外技术垄断，获中国专利优秀奖。

亿纬锂能成立之初没有创新的能力和资金，采用的是半自动化生产方式，随后借助美国品牌的授权商标实现了国内外业务的快速发展；2007年，自主产品EVE产品的销量超过授权品牌，发展为中国最大、世界第三的高能锂一次电池供应商。从2008年至今，亿纬锂能完成了从手工到自动化再到工业4.0的3次重大工业技术改造工程，2016年投产的"无人工厂"的诸多自动化设备出自亿纬锂能。2009年上市时，锂/亚硫酰氯电池产销数量全球第一。2014年开始筹划动力电池项目，为新能源汽车锂离子电池爆发式增长做准备，项目启动不到一年的时间里，亿纬锂能建成了1GWhd的18650动力电池厂，创造了行业第一，18650电池成为特斯拉使用的电池。

5.9.4 主要问题

惠州市整体研发水平与珠三角城市差距大。高新技术企业数量较少，增幅小，研发人员较少，研发投入的总量偏小、强度偏低，有效发明较少。工业支柱产业对研发的投入低也制约着产业转型升级，如2015年惠州研发投入强度最大的电子信息业也只有1.15%。大部分中小企业、外资企业和龙头企业研发机构设在外地。产学研合作较少，规模以上企业研发主要是从外部获取技术，本地研究院所、高校对本地工业企业的科技创新支撑不足。缺乏自主核心技术的能力和环境，科教资源和人才储量不足。作为惠州市创新驱动发展的两大平台：仲恺高新区和环大亚湾新区，其城市化水平有待提高，城市基础设施和配套功能不够完善，弱化了对人才的吸引力。

5.9.5 惠州市各主要政府部门的积极作为

惠州市具有地理区位优势，制造业发展基础好，电子信息与石油化工产业支柱优势明显，但本市科技状况对产业的支撑不足，创新能力薄弱。"广东科技体制改革创新示范区"的建设有利于惠州打造有活力的创新环境。在促进产业转型升级和激励企业创新方面，惠州在2016年为企业减负超百亿元。协调有关基金公司在3年内设立了不低于10亿元的专项风投基金，引导更多科技成果在惠州乃至广东转化。

没有借助毗邻深圳的区位优势。深圳是全国乃至全球创新资源最丰富、创新创业最活跃的城市之一，但也面临土地资源紧张、创业成本较高等问题，这是深圳引进高新技术企业、人才、资金和创新资源的机遇。可通过税收优惠来吸引深圳企业来惠州开展高新技术活动。

5.10 汕尾市

5.10.1 汕尾市创新现状描述

1. 国民经济综合发展概况

2016年,汕尾市地区生产总值(GDP)为828.49亿元,位于广东省第20位,比上年增长8.72%。增速高于全国(6.7%)2.02个百分点,但低于广东省(9.2%)0.48个百分点。近年来,汕尾市地区生产总值占广东省地区生产总值的比重保持在1%左右,图5-15显示了2009—2016年汕尾市地区生产总值情况。

2016年年末,汕尾市常住人口数为303.66万,人均生产总值27283元/人,全省排名第20位,低于广东省平均水平(77785元/人)50502元。2016年,汕尾市就业人口数为121.1万,位列广东省第20位;第三产业增加值330.05亿元,也位列广东省第20位;区域创新综合值为17.15,位列广东省第16位。总体而言,汕尾市国民经济发展水平与广东省平均水平差距较大,排名落后。

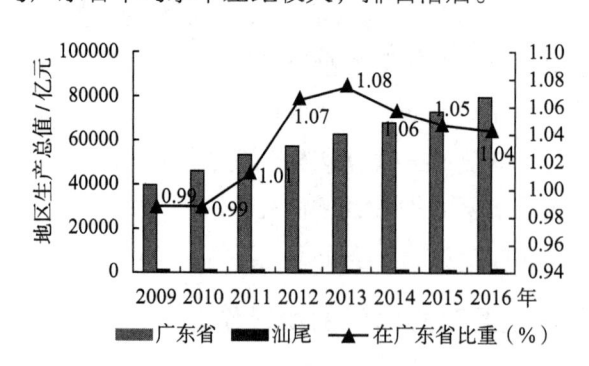

图5-15 2009—2016年汕尾市地区生产总值增长及在广东省占比

资料来源:广东省统计年鉴2010—2017。

2016年,汕尾市实现全部工业增加值336.76亿元,比上年增长6.1%。规模以上工业增加值272.72亿元,比上年增长6.8%,其中,大中型企业实现增加值229.60亿元,比上年增长3.5%。分经济类型看,国有企业增长14.8%,集体企业增长6.6%,股份制企业增长9.7%，外商及中国香港、澳门、台湾地区投资企业增长2.3%，其他经济类型企业增长5.9%。汕尾市的工业增长主要靠重工业拉动。2016年，汕尾市轻工业增长1.9%，重工业增长12.1%。分主要行业看，计算机通信及其他电子设备制造业增长12.7%，文教、工美、体育和娱乐用品制造业下降6.3%，电力、热力生产和供应业增长2.8%，化学原料和化学制品制造业下降26.2%，纺织服装、服饰业增长9.9%，橡胶和塑料制品业增长8.2%。规模以上工业实现利润总额39.44亿元，下降0.5%。亏损企业亏损总额1.29亿元，下降46.5%。资产贡献率9.2%，资产负债率50.2%，资本保值增值率117.0%，流动资产周转率5.4%，成本费用利润率3.4%，产品销售率98.5%。

为保证经济发展后劲，2017年汕尾市加大重点项目建设与提升，重点推进陆丰核电、甲湖湾电厂、陆河和红草比亚迪项目、信利TFT5代线、海王制药、香雪制药、百草堂中药饮片、路华电子等项目建设。

2.科技发展情况

（1）科技发展统计。

2016年，汕尾市全社会研发经费投入总额6.01亿元，较2015年（5.08亿元）增长18.3%；汕尾市规模以上工业企业242家，较2015年（238家）年增长1.7%。其中，12家单位有研发机构，开展研发活动的企业数112家，研发经费内部支出额达5.97亿元。规模以上工业企业主营业务收入1129亿元，规模以上工业企业新产品销售收入220.54亿元。截至2016年年末，汕尾市每千人拥有企业数2.15家，先进制造业增加值63.9亿元。

2016年年末，汕尾市共有市级企业研发中心40家，国家高新技术企业12家。全年专利申请量1172件，增长26%；授权量641件，下降2%。

（2）创新模式。

2016年，汕尾市着力推进供给侧结构性改革，加大重点项目建设，狠抓各项工作落实，全市经济实现稳中有进、稳中向好的发展态势。在深圳市全面对口帮扶下，主导推动深莞惠+汕尾河源"3+2"经济圈的建设，产业、交通、城市发展都迎来了新的契机。汕尾市着力创新和完善宏观调控，培育壮大新动能，实施大数据发展行动，加强新一代人工智能研发应用，在医疗、养老、教育、文化、体育等多领域推进"互联网+"。发展智能产业，拓展智能生活，大力改造提升传统产业，加强新兴产业统计，加大网络提速降费力度。

汕尾市坚持创新发展理念，完善和落实激励企业自主创新的相关政策，增强企业自主创新能力，培育新的增长动力和竞争优势。加大对中小企业、高技术企业的支持

力度，将新产业、新业态、新商业模式等"三新"经济作为新的经济增长点，推动全市经济发展。

以新一轮产业共建为机遇，汕尾市充分利用广东省普惠性和叠加性政策奖补措施，推动深圳扶持合作区产业政策覆盖全市共建园区。加快推进"1+4"工业产业园区的基础设施建设，加强对园区分类指导，以推动汕尾市工业企业做大做强，提升全市工业化水平。

5.10.2 汕尾市创新能力评价

2016年汕尾市创新能力全省排名第13位，对比2015年排名前进7位，创新能力提升较为明显，见表5-15。汕尾市投入排名第14位，下降2位；产出排名第7位，指标值略有增加，排名不变；产业升级排名第17位，提升4位；产业创新环境依然排名最后，处于第21位。

表5-15 汕尾市创新能力指标排名

指标名称	2015年综合指标 指标值	排名	2016年综合指标 指标值	排名
综合值	11.03	20	17.15	13
1 投入	8.44	12	7.45	14
1.1 全社会研发经费支出与GDP之比	11.26	12	11.05	12
1.2 每万名就业人员中研发人员数量	9.79	13	9.3	13
1.3 规模以上工业企业研发经费支出占主营业务收入比重	10.59	13	12.52	12
1.4 知识产权专项经费投入	0.02	20	0.69	19
2 产出	21.09	7	21.62	7
2.1 万人有效发明专利拥有量	0.06	19	0.17	19
2.2 PCT专利申请数占全省PCT专利申请量的比重	0.05	13	0	21
2.3 高技术制造业增加值占规模以上工业比重	30.81	6	30.22	6
2.4 新产品销售收入占主营业务收入比重	35.17	7	47.19	7
2.5 单位规模以上工业企业拥有研发人员数量	42.54	6	26.41	10
3 产业升级	7.32	21	37.38	17
3.1 第三产业增加值占GDP比重	20.33	16	14.38	17
3.2 先进制造业增加值	0.68	17	0.53	17
3.3 单位GDP能耗增长速度	0	21	91.95	16
4 产业创新环境	3.17	21	5.29	21
4.1 科技支出占财政总支出比例	7.84	16	14.7	11
4.2 全员劳动生产率	0	21	0	21

续表

指标名称	2015年综合指标		2016年综合指标	
	指标值	排名	指标值	排名
4.3 科研机构数	3.3	14	2.94	16
4.4 每千人拥有的企业数	0	21	0	21

从具体指标看，在投入方面，除知识产权专项经费投入外，汕尾市的其他科研投入在全省排13位左右，排名处于中游位置。在产出方面，汕尾市排名比较靠前，得益于高新技术制造业增加值占规模以上工业比重和新产品销售收入占主营业务上升4位，主要是因为产业升级排名提升，特别是单位GDP能耗增长速度这一指标的下降。从产业创新环境方面分析，尽管指标值略有增加，但汕尾市排名依然最后，这主要是由于全员社会劳动生产率相对较低、每千人拥有企业数少于其他地市。为提高汕尾市的创新生态，市政府应加强创新体系建设，鼓励产学研相互融合，加快创新成果转化应用，提高全员劳动生产率。

5.10.3 汕尾市主要企业及行业的创新活动分析

1. 信利国际有限公司

汕尾市实施"工业立市"的发展战略，经过多年引导培育，电子信息产业逐步成为汕尾市先进制造业和高新技术产业的领头羊。其中，信利集团规模以上工业增加值约占全市电子信息产业规模以上工业增加值72.4%，为全市工业经济"稳增长"发挥了重大作用。

信利国际有限公司总部设在香港，生产基地位于汕尾市，是一家知名的电子产品、半导体产品开发、生产和销售的上市公司。信利电子工业城（俗称信利电子厂）占地面积100万平方米，净房面积达40万平方米，拥有员工20000余人。信利公司技术力量雄厚、管理严谨、人员稳定，已开发的产品足有4000种以上，被广泛应用于手提电脑、手提POS机、GPS、手机、PDA、各类信息机、电话机、DVD、音响、医疗器材、仪器仪表、自动电源监控系统、游戏机、计算器、遥控器、空调等领域。信利公司先后获得了英国国家认可委员会NACCB，德国DAR，美国RAB三家认证机构颁发的ISO9002国际品质管理系统证书，其产品得到很多国际著名公司和机构的认可，产品水平不但领先于国内，而且已跻身于世界最高水平之列。

信利国际有限公司坚持把科技创新作为引领发展的第一动力，加大产品研发、协同创新、管理创新、人才培养等方面的力度，不断打造企业发展的强力引擎，大力营造企业创新的良好氛围。2003—2016年，信利国际有限公司共取得538项发明专利，创新热潮持续高涨。该公司的成功经验，值得企业学习和借鉴，也有助于汕尾市加快培育创新型企业、推动实施创新驱动发展战略。

2.广东粤信电子商务有限公司

广东粤信电子商务有限公司成立于2014年，目前团队35人，包括技术开发、美工设计、策划文案、市场推广、综合管理、客服六个部门。公司旗下主营项目"汕尾通—社区综合服务平台"（简称汕尾通）以社区为单位，提供"电信服务""特产商城""家居装修""金融贷款"等核心服务，以互动圈子、网络直播等方式推广汕尾地方特色及文化，打造一个贴近民众且与生活息息相关的互联网平台。该公司是汕尾市"红海杯"创新创业大赛、第六届中国创新创业大赛参赛企业之一。

汕尾通开创"粉丝共享"概念，以主要服务于汕尾区域内各类商家的O2O模式，将各商家的微信公众号，通过自主研发的圈子软件打通串联，形成一个区域范围内的公众号超级市场。通过公众号链接圈子，让每一个粉丝都可以在自己关注的圈子跟圈友随意互动，畅享汕尾资讯。商家可以共享粉丝资源，还可以进驻汕尾通自主研发的圈子商城实现有效转化。公众号通过圈子串联形成地区自媒体矩阵，形成大规模的平台效应。汕尾通自主研发了"叮咚快修""车辆检查""酒店订房""汕尾地产""汕尾旅游""活动砍价""网络直播"等软件及界面，涉及衣食住行、吃喝玩乐等全面的综合便民服务，让市民通过互联网体现"关注汕尾通，生活更轻松"的平台宗旨。

5.10.4 汕尾市各主要政府部门的积极作为

汕尾市提出推进珠江西岸六市一区，创建中国制造2025区域试点示范，强化珠三角地区与港澳的辐射引领作用，助力将泛珠三角区域打造成为"中国制造2025"转型升级示范区和世界先进制造业基地。工业是汕尾市经济增长的主要动力，汕尾市政府持续深入开展"暖企行动"，推进"1+4"工业产业园区的基础设施建设，加强对园区的分类指导，通过升级改造、整合扩园、调整规划等方式，分步推进，切实提升园区的吸引力和承载力；为工业加快发展、推动工业企业做大做强、提升工业化水平提供良好的载体。

汕尾市以创新引领发展，扩大科研机构和高校科研自主权，以企业为主体加强基础创新体系建设，实施普惠性支持政策，完善孵化体系，全市的创新能力和创新效率显著提高，投资环境持续改善，产业转型不断加快。但总体来看，汕尾市经济总量在广东省占比较低，排名落后，由于重工业占比较重，单位GDP能耗提升较慢，导致产业升级速度较慢。并且汕尾市每千人拥有企业数和全员劳动生产率偏低，直接影响全市创新环境的改善。汕尾市的创新产出在全省排名靠前，主要得益于IT等电子信息产业、高新技术制造业的迅速发展。当前，广东省构建沿海开放型创新体系，建设沿海重大创新平台，汕尾市要紧抓这一机遇，主动对接融入深莞惠经济圈，打造珠江东岸产业转移主承接区，建设粤东地区通向珠三角的桥头堡和广东省电子信息产业基地，做好珠三角地区连接粤东地区的战略支点，不断提高创新能力。

5.11 东莞市

5.11.1 东莞市创新现状描述

1. 国民经济综合发展概况

2016年，东莞市地区生产总值6827.69亿元，位居全省第4名，占广东省的8.6%，同比增长8.8%，增速高于全国（6.7%）2.1个百分点，低于全省（9.2%）0.4个百分点，与前两名广州市和深圳市差距明显，东莞市2009—2016年GDP增长情况见图5-16。2016年年末人口数826.14万人，人均GDP为82682元，居全省第6名，高于全省平均水平（77785元）4897元；就业人数653.97万，居全省第3名；第三产业增加值3630.25亿元，居全省第3名。区域创新综合值为41.24，位列全省第4名。总体来看，东莞市主要经济指标在广东省内靠前，属于广东经济发展的第二梯队。

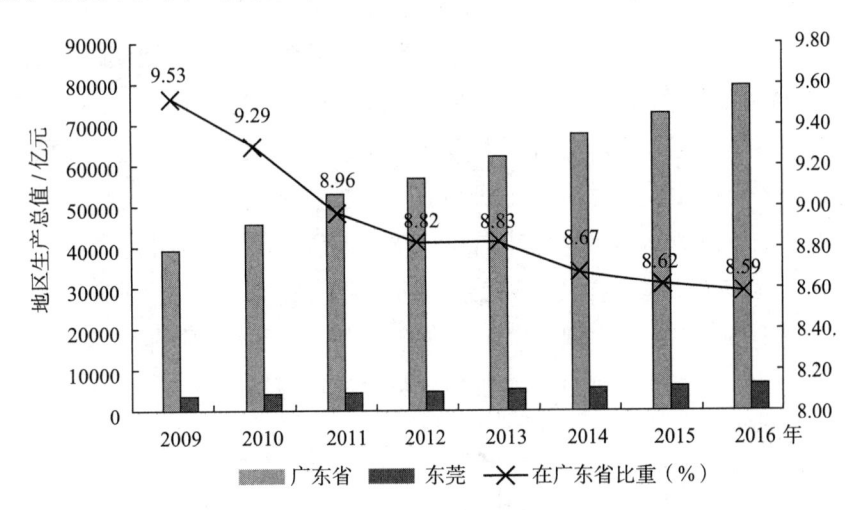

图5-16 2009—2016年东莞市地区生产总值增长及在广东省占比

资料来源：广东省统计年鉴2010—2017。

虽然现在东莞市经济增势良好，但在2010年前后，随着经济形势的变化经历了衰落，后又走向增长。改革开放初期，东莞市凭借"三来一补"的加工贸易成为亿万件级的生产、出口基地，被誉为"全球加工贸易第一城"，当时在美国销售的鞋子40%来自东莞。全球危机和低迷的国际市场使东莞从经济巅峰急剧衰落，2011年上半年东莞市以2%的GDP增速垫底广东全省。党的十八大以后，东莞市加工贸易转型被提上日程，"腾龙换鸟""自主创新"成为全市的重点工作。经历了这两次飞跃，东莞市初步形成了全方位的开放型经济新体制。东莞市历经蜕变，2016年GDP总量名列全国大中城市第21位。进出口总额1.1万亿元，总量居全国第5，增长10%左右，增速在全国五大进出口城市中位居第1，其中出口增长2%左右。东莞成为全国第2个国税突破1000亿元的地级市。

2. 工业发展情况

2016年，东莞市规模以上工业实现增加值2878.23亿元，比上年增长7.0%。在规模以上工业中，重工业增加值1750.98亿元，增长13.5%，占60.8%；轻工业增加值1127.25亿元，下降1.5%，占39.2%。规模以上工业五大支柱产业完成增加值1952.24亿元，增长8.5%；工业四个特色产业完成增加值281.47亿元，增长0.3%。先进制造业增加值1435.17亿元，增长15.2%。高技术制造业增加值增长17.6%，其中，电子及通信设备制造业增长20.9%，增速最快，其次是医疗设备及仪器仪表制造业增长17.8%，再次是医药制造业增长7.5%，电子计算机及办公设备制造业则下降4.0%。

当前，东莞市产业结构进一步优化，制造业转型升级加快，规模以上先进制造业增加值占规模以上工业增加值的49.8%，高新技术制造业占工业规模的增加值比重为38.2%，但总体看，东莞市仍以重工业为主，占据60%以上的份额。主营收入1000亿元企业实现零的突破，500亿元、100亿元、50亿元企业分别增至3家、11家和31家，超10亿元企业数位居全省地级市首位，拥有境内外上市企业33家。新三板挂牌企业168家，总量居全省地级市首位、全国地级市第3。智能手机产业成为经济新增长点，2016年出货量达到2.55亿台，约占全球20%。外资企业新设立研发机构1265个，总数达到1712个。规模以上工业企业内销比重超过外销，民营工业占比提高17.8个百分点，民营经济税收与增加值贡献率逐年提高。

3. 科技发展情况

（1）科技发展统计。

2016年东莞市研发经费占地区生产总值的比重达2.5%，增速连续五年排全省第1位。全市专利申请量和授权量分别为56653件和28559件，其中，发明专利申请量为17024件，同比增长52.46%，占专利申请总量的30.05%，数量排全省第4位；发明专利授权量为3682件，同比增长31.74%，数量排全省第3位；PCT国际专利申请量为 876 件，同比增长 160.71%，排全省第 3 位。

科技资源加快集聚，2016 年，国家高新技术企业增加到 2028 家，省级创新科研团队增加到 26 个，总数均居全省地级市首位。新增创新型研发机构 6 家，总数达 37 家，科技企业孵化载体达到 59 家，其中国家级 11 家；引进省创新科研团队立项总数达到 26 个，居全省第 3。科技金融产业紧密融合，12 家签约银行为东莞市 655 家企业发放贷款 4.62 亿元，专利质押融资累计贷款 1.22 亿元；实施"机器换人"带动智能制造，全市申报"机器换人"项目 577 个，总投资 72 亿元，项目数和总投资额均居全省第 1，带动全市工业技改投资增长 35%。松山湖生产总值、税收分别增长 16% 和 24.3%，综合实力在全省国家高新区中排名第 3。

当前，全球 1/5 的智能手机出自东莞，华为、OPPO、vivo 手机出口总量进入全球前 5 名，全国第 3 名。全市 5868 家规模以上工业企业中，有 2120 家企业建立了研发机构。

（2）创新模式。

一是探索新经济模式，从"世界工厂"转身。近年来大力培育发展云计算、物联网、新能源、新材料等战略性新兴产业，加快发展"四新"经济，依托"互联网+"大力发展电子商务、现代物流等生产性服务业，不断构建现代产业体系。东莞市已拥有华为终端、宇龙通信、步步高、欧珀、金立等龙头移动通信企业，智能手机产业链趋于完整，产业配套能力国内最强，成为国内最重要的智能手机生产基地之一。东莞产业结构已然从之前的劳动密集型为主转变为劳动密集和技术、资金密集型并重，经济结构"含金量"逐步提升。同时，多次举办加博会、台博会、漫博会等系列展会，推动加工贸易产品档次、企业形态和产业发展"三个高级化"。早在 2016 年年初，在全市 7000 家来料加工企业中，目前已超过 5000 家转为法人企业，而在转型企业中，已有 65% 新开展内销业务，18.5% 收购或创建自主品牌，10% 增设研发机构。东莞还以实施"机器换人"为抓手，大力开展工业技术改造，促进传统产业向价值链高端攀升。

二是构建开放型经济新体制。东莞中小生产企业众多，且普遍缺乏开拓国际市场的资金、人才和经验，东莞市建立了外贸综合服务平台，为中小企业提供支撑，通过发展外贸综合服务业、保税物流、设立展销中心等措施，帮助企业拓展国际营销网络，形成东莞外贸发展的新优势。莞澳大宗商品交易合作项目是扩大对外开放合作、构建开放型经济新体制的典型案例，签约项目均属于新业态项目，道滘镇紧紧围绕打造"创新节点、和美水乡"的发展目标，全面启动"区域性创新中心、专业化交易中心和复合型旅游中心"建设，基本形成以新材料、新装备、新能源、新硬件、新医药、新业

态为特色和优势的现代产业体系，目前已经成功集聚了服装面辅料、木材、生猪、进口酒水、车用油品等一批大宗交易平台，专业化交易中心初具雏形。

5.11.2 东莞市创新能力评价

2016年，东莞市创新能力全省排名第4位，与2015年持平，见表5-16。从指标分析结果可以看出，投入方面排名第6，与2015年持平；产出排名第3，排名上升1位；产业升级排名第3位，与2015年持平；产业创新环境排名第8，排名下降2位。整体上，东莞绝大多数指标在全省都处于上游水平。

表5-16 东莞市创新能力指标排名

指标名称	2015年综合指标 指标值	2015年综合指标 排名	2016年综合指标 指标值	2016年综合指标 排名
综合值	41.14	4	41.24	4
1 投入	39.23	6	38.11	6
1.1 全社会研发经费支出与GDP之比	50.53	5	52.77	3
1.2 每万名就业人员中研发人员数量	45.32	6	42.61	7
1.3 规模以上工业企业研发经费支出占主营业务收入比重	33.39	7	29.94	8
1.4 知识产权专项经费投入	21.9	3	21.07	6
2 产出	32.5	4	40.81	3
2.1 万人有效发明专利拥有量	12.49	4	15.65	4
2.2 PCT专利申请数占全省PCT专利申请量的比重	2.52	3	4.46	3
2.3 高技术制造业增加值占规模以上工业比重	51.94	3	56.39	3
2.4 新产品销售收入占主营业务收入比重	53.28	5	81.56	3
2.5 单位规模以上工业企业拥有研发人员数量	34.62	8	31.68	7
3 产业升级	63.73	3	60.44	3
3.1 第三产业增加值占GDP比重	61.06	3	53.06	3
3.2 先进制造业增加值	25.12	4	28.04	4
3.3 单位GDP能耗增长速度	99.5	2	95.6	5
4 产业创新环境	35.33	6	29.51	8
4.1 科技支出占财政总支出比例	69.96	3	46.19	6
4.2 全员劳动生产率	0.14	20	3.21	20
4.3 科研机构数	6.59	12	4.9	13
4.4 每千人拥有的企业数	57.93	5	64.21	4

从具体指标来看，投入方面，全社会研发经费支出与GDP之比有所提升，但知

识产权专项经费投入下降。产出方面，指标数值有所上升，排名保持稳定。产出排名更为靠前，说明东莞市的创新投入取得了良好的效果。产业升级方面，指标排位也较为稳定，单位GDP能耗有所上升，排名也下降3位。产业创新环境是东莞市的薄弱环节，科技支出占财政总支出比例在数值和排名上都下降较大，全员劳动生产率虽有大幅提升，但排位仍处于全省落后水平。

总体来看，东莞市创新能力排位较为稳定，位列全省第4位，居深圳、广州、珠海之后。近年来省内先进制造业、高技术制造业增长迅速，但产业创新环境亟待进一步加强，尤其是全员劳动生产率和科研机构数量不足，相较于东莞市其他创新能力指标的发展水平明显滞后，应该引起重视，并迅速补齐短板。

5.11.3 东莞市主要企业以及行业的创新活动分析

1. 新型研发机构——广东华中科技大学工业技术研究院

广东华中科技大学工业技术研究院（简称工研院）是东莞市政府、广东省科技厅按照新型研发机构体制建设的首批科研平台，已初步打造了"两院一器"的创新体系。"两院一器"即工研院（成立于2007年）和广东省智能机器人研究院（简称广智院）两家省级研究院，"一器"为国家级科技企业孵化器"松湖华科产业孵化园"及华科城系列孵化器。工研院由东莞市政府、广东省科技厅和华中科技大学于2007年签约共建。2015年，工研院升级为省级研究院。广智院是经广东省政府批准，由东莞市政府举办的新型研发机构，工研院为牵头建设单位。松湖华科产业孵化园由松山湖（生态园）管委会和工研院合作共建，是东莞首家获批国家级科技企业孵化器的企业，也是东莞唯一一家被科技部评为优秀（A类）的国家级孵化器。

主要成效：

第一，技术研发方面。引进华中科技大学制造学科的六个国家级平台，建设了东莞科技平台唯一一个省级重点实验室——广东省制造装备数字化重点实验室。组建了一支600余人的专业化技术团队和1000余人的产业化团队。针对行业需求，完成了20余项关键技术攻关，自主研发了全自动毛纺编织机、RFID封装装备及标签读写器、无模成形机、智能机器人等10余类几十个系列的高端装备，申请各类知识产权400余项，参与起草国家射频标准，成果荣获国家技术发明二等奖。推动并牵头实施了国家数控一代示范工程，联合建设多个智能制造车间，被评为国家智能制造示范工程。

第二，技术服务方面。建设了五个集中式技术服务中心，获得国内外资质600余项，为7000多家企业提供了产品设计、产品检测、精密测量、激光加工等集中式高端技术服务。注塑机节能改造在东莞的市场占有率超过60%，被选为全国电机节能改

造示范工程。

第三，产业孵化方面。孵化220余家企业，通过科技成果转化自主创办企业36家，其中国家高新技术企业20多家，新三板挂牌企业5家，上市后备企业3家。通过自我造血建设的43000平方米的松湖华科产业孵化园是东莞首家获批国家级科技企业孵化器的企业，也是东莞唯一一家被科技部评为优秀（A类）的国家级孵化器。探索建设"孵化器的孵化器"方面，已与大岭山、道滘、石碣、横沥、厚街等镇街合作共建产业园，与大连机床集团合作建设了首批"国家专业化众创空间"，并发起成立了4亿元智能装备产业基金。

主要荣誉：

获得国家技术发明二等奖（东莞唯一一家）、国家技术转移示范机构（东莞首家）、"十一五"国家科技计划执行优秀团队（全省共6家）、中国产学研合作创新奖（连续三年）、国家级科技企业孵化器（东莞首家）、"首批国家专业化众创空间"、广东省制造装备数字化重点实验室（东莞科技平台唯一一家）等。

主要优势：

第一，"三无三有"的新型体制。

"两院一器"在体制设计方面，按照"事业单位，企业化运作"的体制运作，其特点是"三无三有"。"三无"指的是"无级别、无人员编制、无固定运行经费"，即虽是事业单位，但没有级别，也没有事业编制；初期政府投入建设经费，后期自主经营，自负盈亏。虽然无级别、无人员编制、无固定运行经费，但"有政府的大力支持、有市场化赢利能力、有创新与创富相结合的激励机制"这"三有"。正是因为有了体制设计的优势，研究院在促进技术研发、技术服务和产业孵化等方面取得了较快的发展，实现了"政府、高校、企业、团队"的协同创新，探索出创新链、产业链、资金链三链融合的创新之路。

第二，创新的机制设计。

一是科技创新模式。提出"青苹果"—"红苹果"—"苹果林"的技术创新模式。以前往往存在一些误区，认为高校的成果可以直接转化为产业。实际上，高校大多数成果是"青苹果"，好看不好吃。"两院一器"评价体系更加重视成果的工程化应用，打通了"样品—产品—产业"的链条，"青苹果"变成好看又好吃的"红苹果"，再变成产业集群的"苹果林"，甚至进一步发展"苹果商"。例如，将学校国家"863"计划、"973"项目成果RFID全自动化封装装备进行了工程应用和产业化。在此基础上，又牵头建设了广东省战略性新兴产业基地（东莞物联网产业），结合产业实际需求，自主开发了电子标签、超高频读写器等物联网核心产品，搭建了物联网集成应用平台，形成了全方位研发和产业化体系。相关产品已在华为、吉利、格力、三一重工、美的、劲胜等龙头企业成功应用。

二是产业发展模式。建立"保姆"—"伙伴"—"领航员"的产业发展模式，不仅支持产业发展，更引领产业发展。服务传统产业，做企业想做做不好的事情。针对东莞大朗的纺织业开发的数控电脑毛织装备，每台设备效率相当于8台手摇织机，每个工人可同时操纵6台数控织机，单个工人的劳动效率提高了48倍。在一定程度上改变了传统产业生产设备严重依赖进口的局面，降低了企业成本，提升了生产效率。共同发展新兴产业，做企业想做不敢做的事情。针对东莞发展LED的战略需求，与广东志成冠军有限公司联合起来组建了广东志成华科光电设备有限公司，进行了LED检测机、LED分选机的产品研发与生产，并在塘厦建设了生产基地。引领未来产业，做企业没想到做的事情。引进了航母总设计师朱英富院士任顾问、香港中文大学王钧教授为带头人的全自主无人艇创新科研团队，针对国家海洋装备制造业的需求，开展无人自主控制技术研究，推进具有我国自主知识产权的全自动无人艇面世，填补国内全自动无人艇技术空白。

三是人员会聚模式。形成了"近亲"—"远亲"—"远邻"的人才会聚模式。从最初主要由院士教授团队组成的"近亲"，逐步扩展到来自各大高校的"远亲"，并引进了美国、日本及中国香港等创新团队的"远邻"。目前，"两院一器"600余人的研发团队中，有70多个来自海外，香港科技大学李泽湘教授、乔治亚理工学院的李国民教授等分别牵头建立了运动控制创新团队、智能感知创新团队，航母总设计师朱英富院士也指导"两院一器"建立了一支研发无人艇的创新团队。管理团队中，也有大批来自华为、重汽、北京机床所等单位的高级管理者。

2. 广东生益科技股份有限公司

广东生益科技股份有限公司，创建于1985年，是一家中外合资股份制上市公司，是国内唯一一家覆铜板上市公司，总部位于东莞市。生益科技集研发、生产、销售和服务高端电子材料为一体，获得了"中华之最"（覆铜板生产基地）等多项国家荣誉。2016年，生益科技营业收入85.4亿元，同比增长12%，占全球市场份额的12%，成为全球第二大专业覆铜板生产厂家，主业覆铜板制造与销售及关联业务占到总收入的81.9%。产品覆盖汽车电子、通信设备、智能终端、医疗设备、半导体照明等。公司的净利润3.16亿元，同比增长37.3%。主导产品已获得西门子、索尼、三星、华为、中兴、联想、格力、Bosch等企业的认证，拥有较大的竞争优势，产品远销美国、马来西亚、新加坡、欧盟等世界多个国家和地区。

生益科技诞生之初，是典型的来料加工企业。1986年，投入60万美元从美

国买入原始配方从而起家，随后从瑞士、日本和德国等引进技术，其间经历了美国"ICT337"专利诉讼后，虽然胜诉，但意识到专利天花板越来越低，于是制订了"五年专利计划"。1995年开始，自建研发机构，每5年制定技术发展纲要，2008年共投入2.23亿元建立工程技术研发中心，2011年获批组建"国家点子电炉基材工程技术研发中心"，2016年科技部验收通过，是东莞市唯一一家拥有国家工程技术研究中心的企业，也是国内唯一拥有国家级研发机构的覆铜板企业。组建期间，工程中心形成了13个核心创新团队，在6大方向上形成了28个产品。

2016年研发投入3.63亿元，领跑该行业。当初60万美元买的美国配方如今对生益科技的销售额贡献率仅占2%；截至2016年7月，共申请国内专利759件，其中发明专利461件，授权专利490件，国外专利申请93件，PCT申请97件。公司设立了博士后科研工作站和院士专家企业工作站，积极主导制定相关国际标准、国家标准和行业标准。

3. 孵化器——天安数码城

近年来，东莞出台了加快科技企业孵化器建设的一系列实施办法，2016年，出台科技企业孵化器资金补贴和奖励政策，打算每年投入超3000万元推动科技企业孵化器成长。目前孵化器运营的比较典型的有天安数码城，天安数码城为培育高企研发打造了"政策引擎+四轮驱动"的创新模式。

第一，高层次团队的引进是"加速器"。团队研发带头人李泽湘带领自己的学生已经创办了固高科技、大疆创新和李群自动化等多家机器人企业。其中，大疆创新科技公司，几乎不靠融资、上市，估值已超100亿美元。

第二，政府加大投入，完善园区配套。仅以东莞园区为例，3年来，园区为了扶持企业设立实验室、研发中心和检测中心等，先后投入超1亿元。已签约高新技术企业908家，培育出16家国家高新技术企业，113家"准高企"在培育成长中。

第三，适时调整发展战略。"每次天安的调整都能踩准国家经济转型的时间节点"。政府倡导发展"三来一补"时，初创阶段的天安服务这些加工型企业；电子信息产业兴起时，天安数码城主要建设运营科技产业园，延伸高附加值产业链；产业地产兴起时，天安数码城从科技产业园升级为城市产业综合体，强调物业形态的多样性、功能复合性和产业融合性；大众创业万众创新兴起时，公司向创新企业生态圈运营商转型，覆盖全生命周期的创新型企业。

第四，深度参与项目的转型运营。2015年，天安数码城接管了东莞民间金融街，并将其升级为众创金融街，通过大平台、建载体、做服务、促融合等方式，努力营造良好的创新生态环境。以金融对接实体经济的方式，已成为省、市和区政府共同打造的重大转型省级平台项目，是东莞创新驱动发展的重要举措。

第五，构建完成产学研链条，提高研究成果转化率。天安数码城集团董事长何文参考日本筑波科学城，把对接优质教育资源视为创新企业生态圈服务体系的重要组成部分，不断加大运营体系内教育资源的对接力度。先后与斯坦福大学、北京大学、清华大学、中国科学院、香港科技大学、长江商学院等多家著名高校院所全面开展战略合作，在集聚高端人才上发力，把高层次人才互动促进科技成果转化落实。

5.11.4 东莞市主要政府部门的积极作为

东莞市以往以加工贸易为重点、快速实现工业化的固有路径，对东莞存在深刻的影响。整体看，东莞制造业存在着低利润、低附加值、重制造和轻研发的转型之困，东莞政府针对发展中的新问题不断调整观念、创新思路。

第一，提出"东莞创新中轴线"的概念并写入政府工作报告，打造协同创新格局。统筹松山湖（生态园）核心园区、散列中子源、大学创新城以及寮步、大岭山、大朗、横沥、东坑、企石、石排等9个镇，规划建设东莞自主创新示范区。在整个"创新轴"里，以天安数码城、中科云智、松湖华科等优质孵化器为代表，展示东莞作为广东省自主创新示范区的建设格局。对标北京中关村、上海张江、深圳和美国硅谷等先进地区，结合地区优势和东莞需求为出发点，培育高新技术企业，促进科技金融产业深度融合、建设新型研发机构、引进创新人才、建立协同创新体系、深化国家科技合作、完善创新孵化育成体系、强化知识产权运用和保护等。通过不断拉近东莞区域间的协同与合作，形成全新的创新格局，不断释放政策红利。

第二，推进重点领域的改革。近五年，东莞市推进国家和省50多项改革试点任务，全面推进330多项莞版改革措施，行政审批改革深化提速，水陆口岸"三互"大通关改革减少企业一半以上手续和时间。"放管服"改革积极推进。五年精简行政审批项目512项，向镇街（园区）下放经济社会管理权限546项，复制推广自贸区改革政策63项。商事制度改革全面铺开，东莞商改模式成为全国样本，企业注册时间平均缩短60%以上，市场主体比2012年改革前增加29.9万户，增长55.2%。5年取消、下调或免征停征涉企行政事业性收费260多项。通过各种途径累计为企业减负近280亿元。共建新型政商关系，全力支持外资和民营企业做优、做强、做大，东莞营商环境"加一"、综合成本"减一"取得成效。

第三，全面推进创新驱动发展。东莞市每年安排20亿元的"科技东莞"资金和10亿元的"人才东莞"资金，着力打造以松山湖高新区为龙头、以大学创新城为核心的区域创新体系。出台了"1+N"创新驱动发展政策体系，即《中共东莞市委东莞市

人民政府关于实施创新驱动发展战略走在前列的意见》及一系列加快发展新型研发机构、建设科技企业孵化器、孵化器产权分割管理等配套办法，推动了研发准备金制度、创新券补助、科技企业孵化器建设用地安排、科技成果转化收益等重大创新新政和制度在东莞先行先试。

第四，培育创新主体。一是制订并实施高新技术企业"育苗造林"行动计划，建立了高新技术企业预评审培训机制。二是修订完善企业工程技术中心和重点实验室的资助办法，已累计登记企业研发机构2297家。三是引导企业加大研发投入。落实高新技术企业所得税减免优惠政策及企业研发费用加计扣除政策，制定并实施引导企业加大研发投入的扶持办法，并争取到省2.16亿元的研发补助，鼓励企业建立研发投入准备金制度，实施"创新券"政策，支持企业向高校、科研院所购买技术服务，开展产学研合作。

第五，积极推进创新载体建设。一是推动新型研发机构集聚发展。采取协同创新的方式，与北大、清华、中科院等高校院所共建新型研发机构，2016年新增东莞松山湖明珠实验动物科技有限公司等5家新型研发机构，新型研发机构总数达33家，累计服务企业超过2万家。二是以松山湖高新区为依托，建设中以国际科技合作产业园、两岸生物技术产业合作基地、台湾高科技园等为重大创新载体，加快打造科技创新的高地，同时大力推进专业镇的建设，目前全市已有模具、家具、纺织、服装等34个专业镇，基本实现全覆盖。三是推进专业镇科技创新平台建设。围绕专业镇产业转型升级需求，出台《东莞市科技创新平台建设资助办法》等系列配套政策，将扶持资金从原来的每家最高300万元提升至5000万元，并撬动镇级财政按1∶1的比例投入。

第六，大力推动科技创新合作。在对外开放中大力推动和开展科技创新交流合作，坚持把科技交流与合作作为集聚国内外优质创新资源、加快提升区域创新能力的重要途径。一是大力推动产学研紧密结合。主动傍"科技大款"，每年组织多批次产学研对接活动，支持高校院所将更多的科研成果在东莞转化和产业化，目前全市企业与全国100多家高校院所建立了紧密的产学研合作关系，组建了31个省部产学研示范基地和12个省部产学研创新联盟。二是广泛开展国际科技合作。中以国际科技合作产业园、中德精密制造中心等一批重大国际科技合作载体落户东莞，并已与相关国家科研院所合作建立了25个省级以上国际科技合作基地。三是持续举办重大科技活动。每年承办中国（东莞）国际科技合作周，现已升格为国家级科技交流合作活动，已连续举办12届，累计推动与20多个国家和地区开展科技交流合作，促进2000多个科技项目达成合作意向。

第七，推进大众创业万众创新。一是加快建设科技企业孵化载体。制定并实施孵化载体"筑巢育凤"行动,推动各方力量建设各类综合型和专业型的科技孵化载体。二是大力发展"四众"平台。推动以众创空间和股权众筹平台为主要形态的创新服务组织发展。三是持续举办创新大赛。每年承办中国创新创业大赛,吸引和集聚了区域内外一大批技术、项目、人才等落户东莞创新创业。

第八,积极创新财政金融投入机制。一是引导风险投资。设立了总规模20亿元的产业升级转型及创业投资引导基金、首期5000万元的创新创业种子基金和每年2000万元的创业投资机构风险补助资金,引导风投资金投向。二是强化科技信贷融资支持。设立了2亿元的信贷风险准备金和每年6000万元的贷款贴息专项资金。三是推动科技企业上市融资。开展上市后备企业的培育工作,培育了114家上市后备企业,并已推动众生药业、星河生物等32家企业在境内外上市,推动科技企业进入资本市场直接融资。四是组建了东莞银行松山湖科技支行等3家支行,以及东莞市科技金融集团、东莞市科技创投联合会,并在全市各镇街(园区)和相关科技企业孵化器设立了38个科技金融工作站,形成了覆盖全市的科技金融服务体系。

第九,以重大项目为抓手,促进加工贸易转型升级。2017年东莞市政府的1号文件题目是打造全球制造业中的倍增计划,可见重视程度。2012年以来,东莞市纳入重大建设项目且投资在1亿美元或6亿元人民币以上的产业项目共171个,总投资约3760亿元,预计新增产值约11500亿元,新增税收约480亿元。实施"东莞制造2025"战略和"机器人智造"计划,培育发展云计算、物联网、新能源、新材料等战略性新兴产业。注重存量提升,大力开展工业技术改造,促进传统产业向价值链高端攀升。引导民营资本发展实体经济,促进民营经济转型发展、二次创业。实施百亿元企业培育工程,认定300家成长型中小企业予以重点扶持。

5.12 中山市

5.12.1 中山市创新现状描述

1. 国民经济和社会发展综合概况

2016年,中山市地区生产总值(GDP)为3202.78亿元,位于广东省第6位,比上年增长6.4%,增速低于广东省(9.2%)2.8个百分点,低于全国(6.7%)0.3个百分点,图5-17显示了2009—2016年汕尾市地区生产总值情况,中山市地区生产总值近年来占广东省比值保持在4%左右。

2016年末,中山市常住人口数为323万,人均生产总值99157元/人,全省排名第5,高于广东省平均水平(77785元/人)21372元。2016年,中山市就业人口数为213.01万,位列广东省第13位;第三产业增加值1457.26亿元,位列广东省第5位;区域创新综合值为39.69,位列广东省第6位。总体而言,中山市国民经济发展水平较高,创新能力在广东省排名较为靠前。

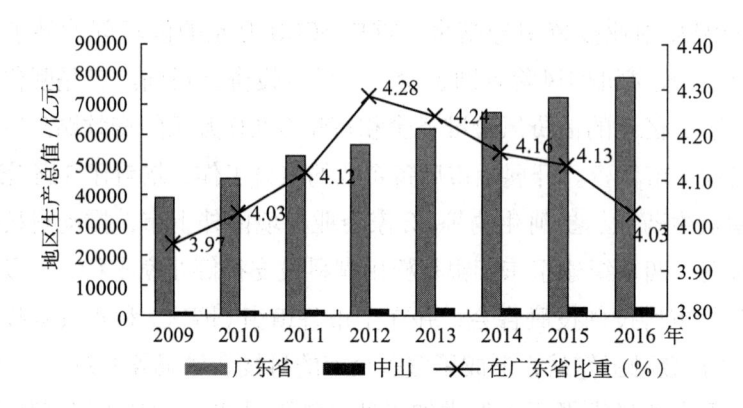

图5-17　2009—2016年中山市地区生产总值增长及在广东省占比

资料来源:广东省统计年鉴2010—2017。

2016年,中山市全年实现工业增加值1606.48亿元,同比增长6.5%。2967家规模以上工业企业完成增加值1385.88亿元,同比增长6.7%。分经济类型看,国有及国有控股企业增加值98.61亿元,同比增长10.0%;民营企业613.96亿元,同比增长10.0%;外商及港澳台商投资企业730.34亿元,同比增长3.7%;股份制企业631.56亿元,同比增长10.7%。分行业看,较2015年高技术制造业增加值增长14.7%,其中医药制造业增长4.7%,电子及通信设备制造业增长24.0%。较2015年先进制造业增加值增长11.6%,其中装备制造业增长12.1%,钢铁冶炼及加工业下降17.6%,石油及化学行业下降10.0%。全年规模以上工业企业实现利润总额316.62亿元,同比增长7.0%;主营业务利润332.29亿元,同比增长6.7%。民营企业实现利润总额106.93亿元,同比增长13.5%。

2.科技发展情况

(1)科技发展统计。

2016年,中山市全社会研发经费投入总额75.97亿元,较2015年(69.42亿元)增长9.4%;中山市规模以上工业企业3089家,较2015年(3045家)年增长1.4%。规模以上工业企业主营业务收入6221.56亿元,规模以上工业企业新产品销售收入

830.44亿元。截至2016年年末,中山市每千人拥有企业数27.37家,先进制造业增加值480.49亿元。

2016年年末,中山市有31家企业通过企业知识产权管理规范贯标认定,高新技术企业达到882家,国家和省创新型企业(试点)达到36家,成立科技创新创业投资基金4支,总规模11.7亿元。

(2)创新模式。

大数据、云计算、新经济等热点领域的兴起助推了中山市服务业的发展,全市第三产业增加值增长8.7%,比第二产业快1.7个百分点,占GDP的比重为44.5%,比上年同期提高1个百分点,对经济增长的贡献率达到49.8%,拉动GDP增长3.78个百分点。创新驱动投入力度加大,"互联网+"等新业态蓬勃发展,带动新兴消费需求不断释放,互联网和相关服务营业收入快速增长,全市限额以上批发和零售单位通过公共网络实现的商品销售收入88810万元,同比增长29.2%,为全市经济发展注入新的活力和动力,加快了新旧增长动能的转化进程。

在技术创新的驱动下,"互联网+"与传统行业加速渗透融合,催生新产业、新业态、新商业模式的"三新"经济,进而拉动和促进民营经济加快发展;另外,信息消费、旅游消费、养老消费、在线医疗、网络约车、远程教育、城市商业综合体等新业态蓬勃发展,国内电商、跨境电商、互联网金融和众创、众包、众扶、众筹等新商业模式延伸发展,"三新"经济逐渐成为新的增长点。

中山市翠亨新区成为海峡两岸交流基地、粤澳合作示范区以及首批粤港澳服务贸易自由化示范基地,是广东省重大战略发展平台。

在产学研合作方面,广青科技长期携手中南大学举办"中南大学—广青科技高级管理人员培训班"活动以促进企业人才培养和管理水平,提升在职人员的思想文化素质和业务技能。

5.12.2 中山市创新能力评价

2016年中山市创新能力全省排名第5位,对比2015年,综合指标值略有上升,排名前进1位,见表5-17。分指标分析中山市投入排名第5位,指标值有所下降,排名也下降3位;产出排名第4位,排名下降1位;产业升级排名提升较大,由第13名上升为第8名;产业创新环境排名第4位,指标值有所增加,但排名无变化。

表 5-17 中山市创新能力指标排名

指标名称	2015年综合指标 指标值	2015年综合指标 排名	2016年综合指标 指标值	2016年综合指标 排名
综合值	37.34	6	38.96	5
1 投入	53.34	2	49.01	5
1.1 全社会研发经费支出与GDP之比	56.68	3	51.73	4
1.2 每万名就业人员中研发人员数量	94.51	2	82.37	2
1.3 规模以上工业企业研发经费支出占主营业务收入比重	39.73	3	38.86	3
1.4 知识产权专项经费投入	7.34	5	10.7	8
2 产出	24.07	5	22.68	6
2.1 万人有效发明专利拥有量	11.91	6	14.52	6
2.2 PCT专利申请数占全省PCT专利申请量的比重	0.76	7	0.78	7
2.3 高技术制造业增加值占规模以上工业比重	26.61	7	27.1	7
2.4 新产品销售收入占主营业务收入比重	39.31	6	33.83	10
2.5 单位规模以上工业企业拥有研发人员数量	43.38	5	37.1	6
3 产业升级	35.48	13	46.20	8
3.1 第三产业增加值占GDP比重	33.8	9	30.81	7
3.2 先进制造业增加值	9.4	6	8.48	6
3.3 单位GDP能耗增长速度	59.52	16	93.91	13
4 产业创新环境	38.77	4	42.64	4
4.1 科技支出占财政总支出比例	60.53	5	78.17	5
4.2 全员劳动生产率	10.46	19	10.98	19
4.3 科研机构数	0	20	0	20
4.4 每千人拥有的企业数	82.34	3	72.73	2

从具体指标看，在投入方面，除知识产权专项经费投入外，中山市的其他科研投入指标值均有所下降，但在全省排名变动不大；尽管知识产权专项经费指标值有所增加，但在全省排名由第5位下降到第8位，导致投入的整体指标值排名下降3位。在产出方面，尽管中山市排名第6，相对比较靠前，但仍是下降1位，主要是由于新产品销售收入占主营业务收入比重这一指标由全省第6位下降到第10位。产业升级方面，尽管中山市第三产业增加值占GDP比重的指标值略有下降，但在全省排名上升2位；单位GDP能耗下降幅度较大，全省排名上升3位。从产业创新环境方面分析，中山市每千人拥有的企业数指标值全省排名第2，但全员劳动生产率和科研机构数排名十分落后，分别是第19名和并列第20名，有待提高。为提高中山市的创新生态，市政府应加强科研机构建设，加快创新成果转化应用，提高全员劳动生产率。

5.12.3 中山市主要企业及行业的创新活动分析

1. 中山市工业技术研究院

作为全市的产学研协同创新公共服务平台,中山市工业技术研究院有针对性地围绕产业链部署创新链,引进高校资源,逐步形成以北京理工大学、武汉大学、武汉理工大学、华南理工大学4所国家重点高校为依托,广东省科学院中山分院、国家超级计算广州中心中山分中心、3D打印协同创新中心、智能机器人创新研发平台等为延伸的"1+4+N"科技研发平台。

该研究院在孵企业广东华创智能装备有限公司与华南理工大学深度合作,将3辆自主研发的AGV搬运小车发往越南,成功承接了对方新厂区的AGV搬运系统建设工程。

搭建科技创新平台,构建区域创新体系是解决自主品牌和技术缺乏、产业积聚程度较低等制约经济发展难题的重要手段,中山市工业技术研究院优化科技资源配置,促进科技资源开放共享的模式在珠三角也起到了示范作用。

2. 广东科捷龙机器人有限公司

广东科捷龙机器人有限公司成立于2002年,是专注于智能家庭服务机器人、工业机器人、智能装备自动化生产线的研发、生产、应用的高新技术企业,多次承担国家级科技创新项目,并建立广东省级、市级科研机构,具备独立开发0.1mm精确度工作能力服务机器人、6关节机器人的能力,拥有独立核心自主知识产权发明专利。

2016年3月,该公司被认定为广东省机器人骨干(培育)企业,主要业务为家庭智能服务机器人、工业机器人的研发、设计、生产和销售,拥有4个国内知名品牌、30多款产品,主营业务主要采取ODM形式,国内第三、第四销售商均为其客户。2015年出货量达14万台,位居全国第二。目前,自动擦窗机器人、全自动割草机、智能拖地机器人等其他家庭服务机器人产品处于研发阶段。核心产品已出口到欧洲、美洲、中东、澳洲等多个国家和地区。2015年承担广东省科技计划重大专项立项,创造了国产机器人自主研发控制系统先例。

广东科捷龙机器人有限公司拥有研发场地10000平方米,研发设备40余套。注重知识产权开发与保护工作,拥有1项发明专利、51项实用新型专利;2016年,新申请26项发明专利(其中2项为美国发明专利)、新申请25项实用新型专利及软件著作权,整体技术水平居行业领先;2014年、2015年研发经费合计达1000万元,平均占当年销售额比例达9.6%。

3. 明阳智慧能源集团股份公司

作为"广东科创先锋",中山市明阳智慧能源集团股份公司(以下简称明阳集团)

经历了四次产业升级，在风电行业开创了"明阳模式"，通过从外部引入研发设计团队，解决技术问题，奠定了行业领先地位，并逐步在风电、海上风电两大领域形成全产业链布局，引领行业技术发展。

早在 2000 年，明阳集团就已经走上产学研联合开发之路，并促成企业从研发输变电设备到拥有大型节能和电力电子装备技术的转型。当时，该集团与清华大学合作的联合开发团队就由院士领衔，逐步掌握了风力发电控制系统的技术。随产学研平台的扩大，明阳集团的触角逐渐延伸向海外，在 2006 年与德国 Aerodyn 公司的合作中，获得了 1.5 兆瓦风力发电机组的知识产权，迈上智能制造的新征程。2012 年，该集团引进以朱荣华为首的海上风电工程研发团队，在国内首创桁架式基础技术，催生出全新的产业链。2014 年，以该集团 CTO 张启应为首的大风机设计研发团队坚持技术创新，产品先后斩获国际风能展的最佳设计奖和 2014 WINDPOWER MONTHLY 评选的全球最佳海上风机银奖，开启智慧能源普惠全球的新篇章。明阳集团围绕清洁能源这一目标，不断向新能源产业链的上下游延伸，致力于从生产型制造向服务型制造转型，同时通过产融结合，推动社会资本和全球资本进入清洁能源领域。

联合研发模式、树状科研体系以及人才团队的"雁阵效应"是明阳集团创新之路上的三大关键。尤其是在招才引智方面，明阳集团的每一次产业转型升级，都是在引进培养出领军人才、组建强有力的技术创新团队基础上实现的。

目前，该集团设立了国家认定的企业技术中心、风电装备国家地方联合工程实验室，拥有中山、天津两个博士后工作站以及一批省级研发机构，在欧洲、美国均有代表行业领先水平的专业研发机构。

5.12.4　中山市各主要政府部门的积极作为

2015 年，国务院批准中山市火炬高技术产业开发区为珠三角国家自主创新示范区的一员。中山在"1+N"创新系列政策的基础上，加大高新技术企业扶持力度，鼓励大众创业万众创新，把更多的优质创新资源培育成为高企生力军。中山市大力推动制造业转型升级，加快建设中德（中山）生物医药产业园、中瑞工业园，建立健康科技、光成像与光电子信息等一批创新型产业集群，提升火炬开发区、翠亨新区产业集聚水平。中山还开展孵化育成体系建设，建立风险补偿机制，探索"孵化器＋风险投资＋创业企业"的持股孵化模式。

中山市创新能力全省排名处于上游位置，但在产业升级和产业创新环境方面有待进一步加强。首先，企业是建设创新型城市的原动力，创新首先离不开企业这个主体。中山市要打好"巩固＋培育＋升级＋引进"的组合拳，将更多的科技型中小微企业纳入后备库,确保高企数量和科研机构持续稳定增长。其次,人才是创新的最关键因素,中山市要着力提升城市软实力,包括高效的政府服务体系、鼓励创新的氛围、安居乐业的公共服务和适宜生活的城市环境等,打造集聚创新人才的高地。最后,要做好创新平台建设。中山市要致力打造产业转型和城市升级的引领区、产城融合和智慧城市的示范区,打造国家北斗卫星导航产业基地、"中山创客·众创空间"等一批创新平台,不断提高城市创新能力。

5.13 江门市

5.13.1 江门市创新现状描述

1. 国民经济综合发展概况

2016年,江门市地区生产总值(GDP)2418.78亿元,居广东省第7位,比上年增长7.98%,增速高于全国(6.7%)1.28个百分点,但低于广东省(9.2%)1.22个百分点。2009—2016年江门市地区生产总值占广东省的比重见图5-18,近年来江门市地区生产总值约占广东省3%,总量增加但比重下降。

2016年年末人口数454.40万人,人均生产总值53374元,排名广东省第10名,低于广东省平均水平(67503元)17895元。第三产业增加值1082.2亿元,位列广东省第9位。江门市总量指标处广东省内中等水平,但相较广东省珠三角经济发达地区差距依旧很大。

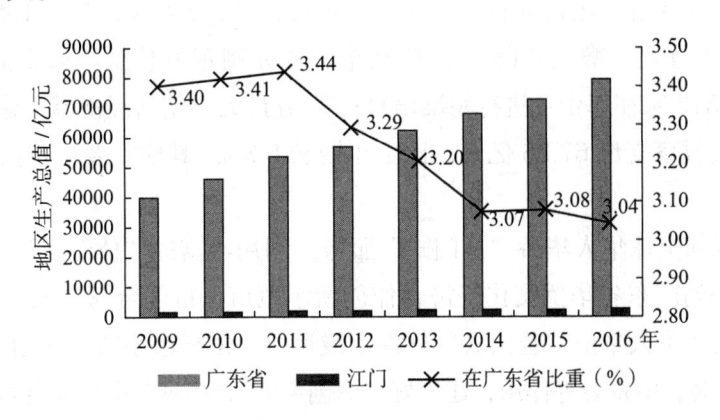

图5-18 2009—2016年江门市地区生产总值增长及在广东省占比

资料来源:广东省统计年鉴2010—2017。

2. 工业发展情况

江门是老牌制造业城市，1983年建市之初，经济总量仅次于省内的广州市，而随后几乎每个五年，江门在全省位次就会倒退1位或2位，呈现了"追兵渐近，标兵渐远"的现状，江门市政府把坚持工业立市作为一个重要任务。

从规模以上工业增加值数据来看，江门市2016年占全省规模以上工业增加值比重约为4.58%。2016年，江门市七大产业规模以上企业总产值超过300亿元，但产业规模尚小。传统的支柱产业中，产值最大的电子信息产业在全省的比重仅为0.9%，缺乏有影响力的本土家用电器品牌。金属制品行业生产的产品主要面向产品终端，为先进装备制造业提供基础零部件的企业不多。江门虽是广东重要的纺织服装及化纤生产基地，但下游成衣缺乏自主品牌。汽车及摩托车制造业约占全国份额的15%，是全国最大的摩托车制造基地，但大部分企业未能融入整车配套体系。

总体上，江门市规模以上工业主营收入、利润、税额都是珠三角末位，高端制造领域，江门市的差距更加明显，如2016年江门市规模以上高技术制造业增加值为74.14亿元，在珠三角九城中居末位。江门市将工业立市的抓手立足于重型载货车、专用车等整车及零部件产业、电池和新光源发光材料、装备制造产业城建设等制造业上。

3. 科技发展情况

2016年，江门市全年地方财政科学技术支出9.47亿元，同比增长20.1%。全社会研发投入强度约2.1%，高新技术产品产值占规模以上工业企业总产值比重达33%，国家高新技术企业总量达357家，同比增长82%，新增217家。全市累计国家级高新技术企业357家。专利申请量13365件，其中发明专利3244件；专利授权量6762件，其中发明专利544件。全市拥有各类专业技术人员18.72万人，增长4.2%，其中中级职称以上7.44万人，增长4.6%。江门在全国率先制定科技型小微企业认定标准和名录库，对1513家在库企业进行精准培育；"环五邑大学创新经济圈"建设加快推进。全年地方财政教育支出67.36亿元，比上年增长5.3%。其他主要科技指标如表5-18所示。

江门市首创全球华人华侨"邑门式"服务。利用丰富的"侨"资源，江门成立五邑侨智库，争创广东省华侨文化经济合作创新示范市，首创全球华人华侨"邑门式"服务，实现全球华人华侨"邑门式"软件上线运行。依托市小微企业创业基地，发挥海归人员联合会、侨青会等作用，建设好"海创空间"，拓展与美国硅谷城市交流合作。作为广东省小微企业创业创新综合改革试点市，江门建立小微企业名录预审库，探索建立小微企业双创指数，启动全球华人青年创梦工厂，推动建立全国小微企业创业创新基地示范城市联盟。

表 5-18　江门市科技发展情况

指标名称	统计截止年份/年	数量	排名	增长率（%）
研发经费投入总额/亿元	2015	40.35	8	11.56
研发人员数量/人	2014	14997	8	26.07
规模以上工业企业数/家	2015	2036	6	3.82
有研发机构的规模以上企业数/家	2015	189	8	/
开展研发活动的规模以上企业数/家	2015	12	21	/
规模以上工业企业研发经费内部支出额/万元	2015	387361	8	10.54
规模以上工业企业主营业务收入/亿元	2015	3649.04	10	10.09
规模以上工业企业新产品销售收入/万元	2015	4852212.7	8	16.60
每千人拥有（规模以上）企业数/家	2015	45.0	6	3.64
高新技术产品产值/亿元	2015	1228.138103	9	17.17
高校和科研院所研发经费支出额中来自企业比重（%）	2014	17.97	13	−60.87

备注："有研发机构的规模以上企业数"2015年调整统计口径，故未统计增长率。

为孕育创新力量，江门建设"广东大广海湾经济区""珠西智谷""珠西创城"等创新载体，建成南方教育装备创新产业城首期工程，挂牌成立环五邑大学创新经济圈"双引双创"基地，依托中国侨都优势，成立江门市侨青创业孵化中心、侨青创新创业园，中国（江门）"侨梦苑"华侨华人创新产业聚集区。江门市与深圳市达成了"江深合作"的共识，推进企业创新方面的合作。在2016年广东省创新驱动大会上，江门的企业获得省科技二等奖5项、三等奖5项，其中第一完成单位获二等奖以上项目3项，在珠三角中排名第4；第一完成单位获奖总数为6项，在珠三角中排名第5，获奖数量和质量为历年之最。江门市小微企业占全市企业总数的96%，营业收入占47%，就业人数超过一半。江门大力推动小微企业的创业创新工作，2015年，江门以第一名的成绩成为全国小微企业创业创新基地示范城市之一，小微企业的发展使江门专利申请数量大幅增加。

5.12.2　江门市创新能力评价分析

2016年，江门市创新能力排名全省第8名，见表5-19。分指标看，创新投入排名全省第5位；创新产出排名全省第9名；产业创新环境排名全省第10名；这四项指标排名均与2015年相同。产业升级排名全省第9名，比2015年下降1名。

表 5-19　江门市创新能力指标排名

指标名称	2015 年综合指标 指标值	2015 年综合指标 排名	2016 年综合指标 指标值	2016 年综合指标 排名
综合值	27.28	8	27.25	8
1　投入	30.04	8	27.35	8
1.1　全社会研发经费支出与 GDP 之比	41.10	7	37.07	8
1.2　每万名就业人员中研发人员数量	35.34	8	28.72	8
1.3　规模以上工业企业研发经费支出占主营业务收入比重	35.11	5	31.76	6
1.4　知识产权专项经费投入	1.02	11	6.56	10
2　产出	15.08	9	17.83	9
2.1　万人有效发明专利拥有量	4.56	8	5.11	8
2.2　PCT 专利申请数占全省 PCT 专利申请量的比重	0.38	9	0.38	8
2.3　高技术制造业增加值占规模以上工业比重	9.52	15	10.59	13
2.4　新产品销售收入占主营业务收入比重	34.69	9	47.35	6
2.5　单位规模以上工业企业拥有研发人员数量	3.10	10	22.93	11
3　产业升级	44.82	8	45.66	9
3.1　第三产业增加值占 GDP 比重	34.46	7	28.23	10
3.2　先进制造业增加值	7.95	9	8.06	9
3.3　单位 GDP 能耗增长速度	86.77	8	95.31	6
4　产业创新环境	25.11	10	23.74	10
4.1　科技支出占财政总支出比例	32.28	8	30.49	8
4.2　全员劳动生产率	25.42	9	27.47	10
4.3　科研机构数	6.59	13	5.88	12
4.4　每千人拥有的企业数	31.69	7	25.60	8

从具体指标看，在创新投入方面，"规模以上工业企业研发经费支出占主营业务收入比重"指标排名最高，2016 年全省第 6 名，是所有指标中排名最靠前的；创新产出方面指标在逐渐改善，排名在上升，"新产品销售收入占主营业务收入比重"2016 年全省第 6 名，"高技术制造业增加值占规模以上工业比重"排名最靠后，为全省第 13 名；产业升级方面，"单位 GDP 能耗增长速度"全省排名为第 6 名；产业创新环境方面指标排名在中等水平。

5.12.3　江门市主要企业的创新活动分析

维达纸业（中国）有限公司

作为国内生活用纸的领军企业，维达集团近年来在生产端持续发力，注入高科技创新元素，以高质量的产品擦亮"江门制造"品牌。积极开展产学研合作，维达现在跟广东华南理工大学在浆纸技术方面进行合作，跟中国制浆造纸研究院在生活用纸方面进行合作，在个人护理方面则跟爱生雅集团的研发中心进行对接，促使产品质量达到国际水平。其中，与欧洲纸业巨头爱生雅合作对维达影响很大。维达于2007年在香港联交所主板上市，同年爱生雅集团正式入股维达。爱生雅集团进入中国市场比较晚，但在技术、融资、品牌推广等方面都拥有先进的经验和资源；维达在国内市场的品牌影响力很大，渠道发展成熟，但在海外市场起步相对慢。通过与瑞典爱生雅集团的强强联合，维达在国外市场开发和技术研发方面都有所突破。由中国建设银行科技金融创新中心与南方报业传媒集团联合主办的"榜样的力量——2016'FIT粤'科创先锋大赛"颁奖典礼在广州举行。维达纸业（中国）有限公司获得"科创先锋奖"。

5.13.4 江门市政府部门的积极作为

江门市腹地广阔，华侨众多、营商环境也比较好，广东把江门作为"珠西综合交通枢纽"后，区位优势逐渐凸显。但也应看到，江门市工业发展存在一些短板，如工业规模不大、产业转型步伐缓慢、创新能力不足等问题，要扭转江门工业落后的局面，需要重新思考江门制造业发展的方向。

5.14 阳江市

5.14.1 阳江市创新现状描述

1. 国民经济和社会发展概况

2016年，阳江市实现地区生产总值（GDP）1270.76亿元，位于广东省第15位，比2015年增长1.7%，增速分别低于全国（6.7%）5.0个百分点和广东省（9.2%）7.5个百分点。2009—2016年阳江市地区生产总值占广东省的比重见图5-19，阳江市地区生产总值近年来占广东省的比值保持在1%~2%。

2016年年末常住人口数252.84万人，人均生产总值50259元，排名广东省第10名，低于广东省平均水平（77785元）27526元。2016年解决就业人数129.02万人，位列广东省第20位；第三产业增加值530.9亿元，位列广东省第16位。创新综合值为12.17，位列广东省第19位。总体而言，阳江市的发展水平在广东省内位于中下游水平，与珠三角地区差距仍然较大。

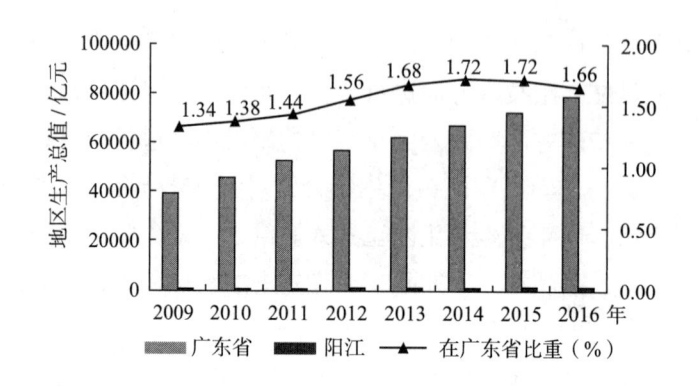

图 5-19　2009—2016 年阳江市地区生产总值增长及在广东省占比

资料来源：广东省统计年鉴 2010—2017。

2016 年规模以上工业总产值 2045.80 亿元，同比增长 4.3%。规模以上工业增加值 477.40 亿元，增长 5.2%。其中，国有企业增长 9.7%，集体企业增长 18.4%，股份合作制企业增长 5.0%，外商及港澳台投资企业下降 3.6%，其他经济类型企业下降 2.7%；分轻重工业看，轻工业下降 1.6%，重工业增长 12.0%；分企业规模看，大型企业增长 21.3%，中型企业下降 2.2%，小型企业增长 1.0%。

2. 科技发展情况

（1）科技发展统计。阳江市 2016 年研发经费投入总额为 9.38 亿元，规模以上企业 557 家，规模以上企业研发经费内部支出额为 9.22 亿元，占全社会研发投入的 98.38%。规模以上企业主营业务收入 1843.85 亿元，规模以上工业企业新产品销售收入 14.14 亿元。截至 2016 年年末，阳江市每千人拥有企业数 13.04 家，先进制造业增加值 58.6 亿元。

在其他创新指标方面，2016 年年末全市共有国家高新技术企业 19 家，省级以上工程技术研究中心 22 家，市级工程技术研究中心 68 家。

（2）创新模式。新产业新业态方面，阳江市产业仍以制造业为主，近年来，阳江市积极进行产业升级，着力打造珠西先进装备制造基地。阳江相继被纳入珠江西岸先进装备制造产业带和"中国制造 2025"试点示范城市群。未来阳江将以珠海（阳江）产业园、珠海（阳江万象）产业园、阳春产业园、中山火炬（阳西）产业园四大园区为平台，建立以企业为主体、市场为导向，产学研相结合的技术创新体系，重点加快不锈钢和风电装备制造产业集群发展。

在高新区建设方面，阳江高新区已形成以先进机械、食品加工、电子信息等高新技术产业为主体，五金刀具、食品、建材、化工等传统产业配套发展的格局，吸引了一批高新技术企业，集聚了一大批创新人才。新型研发机构建设取得突破，钢铁研究总院与阳江市签订协议，在阳江组建产业技术研究院，围绕五金刀剪产业，研究采用以先进激光焊接技术为核心技术，开发五金刀剪刀刃的增材制造装备、配套用材体系及制造工艺（3D打印技术）。同时，阳江市与省科技厅签订了广东省增材制造（3D打印）技术重大科技专项联合推进工作协议。

5.14.2 阳江市创新能力评价

2016年阳江市创新生态全省排名第20位，对比2015年排名下降2位，各指标排名见表5-20。分指标分析，阳江市投入排名第15位，保持不变；产出排名第21位，下降2位；产业升级排名第20位，下降2位；产业创新环境依然排名第12位，保持不变。

从具体指标看，在投入方面，虽然排名保持不变，但知识产权专项经费投入变化较大，下降6位。在产出方面，该分项指标排名最后，其中万人有效发明专利拥有量、新产品销售收入占主营业务收入比重排名广东省末尾，有待提升。在产业升级方面，指标排名靠后，有待加强。在产出创新环境方面，排名较其他分项指标靠前，其中全员劳动生产率、每千人拥有的企业数在广东省内排名较靠前。

表 5-20 阳江市创新能力指标排名

指标名称	2015年综合指标 指标值	2015年综合指标 排名	2016年综合指标 指标值	2016年综合指标 排名
综合值	13.87	18	12.17	20
1 投入	7.30	15	6.5	15
1.1 全社会研发经费支出与GDP之比	11.66	11	11.34	11
1.2 每万名就业人员中研发人员数量	4.46	17	1.55	18
1.3 规模以上工业企业研发经费支出占主营业务收入比重	10.98	12	11.16	13
1.4 知识产权专项经费投入	0.76	12	1.08	18
2 产出	3.88	19	0.84	21
2.1 万人有效发明专利拥有量	0.0	21	0.0	21
2.2 PCT专利申请数占全省PCT专利申请量的比重	0.04	15	0.01	19
2.3 高技术制造业增加值占规模以上工业比重	2.42	20	1.56	20
2.4 新产品销售收入占主营业务收入比重	10.77	14	0.0	21
2.5 单位规模以上工业企业拥有研发人员数量	6.03	16	3.56	18
3 产业升级	28.64	18	31.4	20
3.1 第三产业增加值占GDP比重	19.46	17	20.01	14
3.2 先进制造业增加值	0.87	16	0.43	18

续表

指标名称	2015年综合指标 指标值	2015年综合指标 排名	2016年综合指标 指标值	2016年综合指标 排名
3.3 单位GDP能耗增长速度	61.62	14	69.34	20
4 产业创新环境	20.60	12	16.05	12
4.1 科技支出占财政总支出比例	7.62	17	6.17	19
4.2 全员劳动生产率	50.59	4	39.43	5
4.3 科研机构数	1.10	18	0.0	20
4.4 每千人拥有的企业数	18.90	9	15.16	9

5.14.3 阳江市主要企业及行业的创新活动分析

1. 广东广青金属科技有限公司

广东广青金属科技有限公司成立于2010年，是由全国500强的国有大型企业广东省广新控股集团和民营500强企业青山控股集团共同投资成立的一家具有国际领先工艺技术、全国最大的镍合金生产企业之一。

广青科技成立以来，一直高度重视知识产权工作，于2017年通过了国家级知识产权管理体系认证，成为粤西首家通过第三方认证的知识产权贯标企业，标志着企业知识产权管理水平和知识产权质量得到了充分认可。目前，公司已全面建成投产，该项目已列入广东省现代产业500强项目、广东省第三批扩大内需项目、广东省2010年重点建设项目。

在产学研合作方面，广青科技长期携手中南大学举办"中南大学—广青科技高级管理人员培训班"活动以促进企业人才培养和管理水平，提升在职人员的思想文化素质和业务技能。

5.14.4 阳江市各主要政府部门的积极作为

阳江市政府出台《高新技术企业认定管理办法》，积极落实阳江市高新技术企业认定资助等政策。支持企业技术改造，坚持实施创新驱动发展，积极落实有关奖励补贴政策，引导企业自主创新，推广机器人产业发展及应用，培育加快企业技术中心建设。力推农产品物流园科技企业孵化器在广东省孵化育成平台完成登记备案工作，继续加快农产品物流园科技企业孵化器建设，帮助其完善有关条件。

5.14.5 小结

总体而言，阳江市经济发展平稳，产业转型升级积极推进，先进制造业、高新技术产业及战略性新兴产业发展得到重视。在珠江市的帮扶下，对接项目成效明显。但同时阳江市存在大部分粤东西北城市都存在的问题：经济总量不大、主导产业不突出、产业层次不高、创新能力不强、人才缺乏等。在未来的发展中，阳江市应进一步深化已有传统产业，着力发展交通以促进开放创新，增强经济活力；以高新区为平台，积极发展新型研发机构、创新中心、企业孵化器、技术中心、重点实验室等，同时积极引进高端创新性人才以促进地区创新能力的发展。

5.15 湛江市

5.15.1 湛江市创新现状描述

1. 国民经济和社会发展概况

2016年，湛江市实现地区生产总值（GDP）2584.78亿元，位列广东省第8位，较2015年增长8.6%，增速高于全国（6.7%）1.9个百分点，但低于广东省（9.2%）0.6个百分点。2009—2016年湛江市地区生产总值占广东省的比重见图5-20，近年来湛江市地区生产总值在广东省占比一直处于3%左右。

2016年常住人口727.3万人，人均生产总值35535元，排名位于广东省下游，不到广东省平均水平的一半，低于省平均水平（77785元）42250元。2016年解决就业人数343.75万人，位列广东省第5位；第三产业增加值1100.97亿元，位列广东省第9位。区域创新综合值为12.29，排名广东省第19位。总体而言，位于粤东西北地区的湛江市经济发展位于广东省下游水平，较珠三角发达地区及粤东西北其他地市而言仍有较大的发展空间。

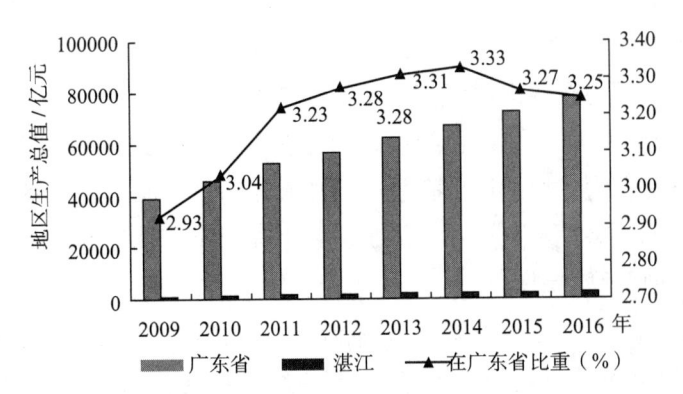

图5-20 2009—2016年湛江市地区生产总值增长及在广东省占比

资料来源：广东省统计年鉴2010—2017。

2016年湛江市全部工业完成增加值862.21亿元，比上年增长10.7%。规模以上工业企业实现增加值766.52亿元，增长11.5%。年产值超100亿元的行业主要是传统产业：有石油和天然气开采业，农副食品加工业，木材、竹、藤、棕、草制品业，家具制造业，造纸及纸制品业，石油加工、炼焦业，非金属矿制品业，黑色金属冶炼压延加工业，电气机械及器材制造业，电力、热力生产和供应业等十个行业，2016年实现产值2024.54亿元，占全市规模以上工业总产值的79.3%。

2.科技发展情况

（1）科技发展统计。

湛江市2016年研发经费投入总额为9.82亿元，规模以上企业833家，规模以上企业研发经费内部支出额为6.59亿元，占全社会研发投入的67.07%。规模以上企业主营业务收入2033.52亿元，规模以上工业企业新产品销售收入85.72亿元。截至2016年年末，湛江市每千人拥有企业数2.37家，先进制造业增加值311.3亿元。

在其他创新相关指标方面，湛江市2016年申请专利量6726件，比上年增长107%，增长率居全省第一。其中，发明专利672件，增长35.8%；专利授权量2564件，增长3.1%；2016年共签订技术合同154项，技术合同成交金额4757万元；全市共有省级以上高新技术企业79家，实现高新技术产品产值531亿元，增长10.0%。2016年新增市级工程中心7家，省级工程中心11家，全市各类研发机构达到195家，其中企业设立研发机构160家，占比82%。

（2）创新模式。

近年来，湛江市大力完善产业园区道路、给排水管网、电力、通讯、供气等基础设施，积极推进产业项目建设和产业共建，产业园区扩能增效明显，已初步形成具有区域特色的钢铁、重化、近海油气开发、电力、造纸、农海产品加工、饲料加工、纺织、电器机械等九大支柱产业。海洋产业初具规模，总产值仅次于广州、深圳，居广东省第三位，被评为全国海洋经济最具发展潜力的十大城市之一。目前《湛江市南方海谷智慧城控制性详细规划》已经市政府批准实施，该规划区将打造成以科研用地为主、相关商务配套为支撑的城市智慧产业及人才的集聚地。南方海谷建设是以南海战略性产业、涉海战略性新兴产业、传统优势主导产业、服务支撑性产业为主体，打造中国海洋经济创新发展示范区。

近年来，湛江以海洋经济为引领，以临港工业为支撑，产业规模稳步提升，高新技术产业蓬勃发展，特别是新材料、新海洋、新医药、新电子、新能源五大主导产业发展加快。湛江将"以升促建"，促进创新驱动发展，根据产业配套创新资源，发展临港产业和海洋科技。同时，发挥高新区辐射作用，带动南方海谷和奋勇高新区的建设发展。

现代临港工业格局加快形成。湛江钢铁一期工程全面建成试产,完成钢产量545万吨,实现产值155亿元。现代服务业升级发展。民营经济增加值1600亿元,增长10%;民间投资800亿元,增长30%;新增市场主体3.46万户、注册资本335.3亿元,新增"个转企"1220家、"企上规"200家。电子商务交易额705亿元,增长43%。港口物流快速发展,全市港口吞吐量2.56亿吨,增长16.2%。制定实施雷州半岛现代农业发展、水利综合治理和生态修复三大规划。

5.15.2 湛江市创新能力评价

2016年湛江市创新生态全省排名第19位,对比2015年排名下降5位,出现较大下滑,各指标排名见表5-21。分指标分析,投入排名第19位,下降1位;产出排名第20位,上升1位;产业升级排名第21位,下降17位;产业创新环境依然排名第6位,提升2位。

表5-21 湛江市创新能力指标排名

指标名称	2015年综合指标 指标值	2015年综合指标 排名	2016年综合指标 指标值	2016年综合指标 排名
综合值	15.56	14	12.29	19
1 投入	3.06	18	2.73	19
1.1 全社会研发经费支出与GDP之比	2.94	20	2.50	19
1.2 每万名就业人员中研发人员数量	0.67	20	0.23	20
1.3 规模以上工业企业研发经费支出占主营业务收入比重	6.89	18	4.40	18
1.4 知识产权专项经费投入	1.96	8	4.55	11
2 产出	2.39	21	2.73	20
2.1 万人有效发明专利拥有量	0.55	13	0.59	14
2.2 PCT专利申请数占全省PCT专利申请量的比重	0.05	13	0.01	19
2.3 高技术制造业增加值占规模以上工业比重	0.0	21	0.0	21
2.4 新产品销售收入占主营业务收入比重	6.61	18	7.82	17
2.5 单位规模以上工业企业拥有研发人员数量	5.35	17	5.76	17
3 产业升级	28.71	17	9.41	21
3.1 第三产业增加值占GDP比重	31.53	12	22.40	13
3.2 先进制造业增加值	5.12	11	5.25	10
3.3 单位GDP能耗增长速度	46.09	20	0.0	21
4 产业创新环境	33.36	8	35.61	6
4.1 科技支出占财政总支出比例	0.59	20	8.45	18
4.2 全员劳动生产率	100.0	1	100.0	1
4.3 科研机构数	19.78	3	18.63	2
4.4 每千人拥有的企业数	6.07	19	5.90	19

从具体指标看，在投入方面，湛江市在知识产权专项经费投入方面出现小幅下滑，下降3位，其他指标排名保持不变。在产出方面，PCT专利申请数占全省PCT专利申请量的比重变化较大，下降6位，其他指标较为稳定。在产业升级方面，单位GDP能耗增长速度排名一直较为落后，应在地区发展的同时注意到环境的重要性。在产出创新环境方面，全员劳动生产率排名连续两年广东省第1名，科研机构数排名在省内领先，但其他指标排名靠后，可见在创新环境方面湛江市发展不均衡。

5.15.3 湛江市主要企业及行业的创新活动分析

1. 广东恒兴水产科技有限公司

广东恒兴水产科技有限公司成立于1998年，是一家主营养殖、水产品加工、房地产开发，参股金融和港口业务的大型民营企业集团，旗下拥有数十家子公司，遍布广东、广西、海南、福建等地区，是中国民营500强企业。公司水产品深加工创新产业化基地被广东省民营经济发展服务局认定为"广东省民营企业创新产业化示范基地"。作为"创新产业化示范基地"，广东恒兴水产主营业务和技术发展重点符合国家产业政策、环保政策；具有企业发展的关键技术、自主知识产权和持续创新能力，有良好的产学研合作关系，在本地同行业处于技术领先地位。2012年年初，湛江恒兴水产科技有限公司与广东海洋大学、华南理工大学三个单位联合申报"虾壳制备功能性甲壳多糖衍生物科技创新平台"。

此外，广东恒兴水产科技有限公司与中国水产科学研究院南海水产研究所、中山大学共同建设"南海现代海洋渔业重大科技创新基地"，此基地联合了国内其他在南海海洋渔业方面有研究基础和优势的科研、教学单位、学会、协会和企业等14家协作单位，统筹资源，开展协同创新。创新基地依托各建设单位现有条件，围绕南海现代海洋渔业产业升级，以促进科技成果转化、加速重大关键技术向生产转移为目标，建立面向产业、面向市场的具有权威水平和综合开发功能的技术研究实体，打造4个专业化协同创新平台、1个公共服务平台与5个产业化示范工程基地，建成设施先进、人才优秀、运转高效的国际一流水平的新型创新基地，探索形成灵活、高效的治理结构、管理模式和运行机制。

2. 吴川塑料鞋远销非洲大陆

吴川是"中国塑料鞋之乡"，吴川鞋业兴盛于20世纪70年代末，而铺街道是吴川塑料鞋的"大本营"。现在的而铺街道与往年不同的是弥漫街头的塑料味消失了，原因在于制鞋技术的不断提升。采用新的制鞋工艺后，塑料鞋成形后不用喷漆，避免了二甲苯污染，节省了人工费。2012年开始，吴川开始拥有自主制造制鞋机械模具的能力，摆脱了过去只能去福建定制模具的困局，产能大幅提升。同时，吴川改进塑料鞋生产材料和工艺配方，完成从"注塑鞋"到"吹气鞋"的生产革新，目前国内生产的塑料鞋，吴川占有 1/4 的份额。吴川塑料鞋企业有 400 多家，产品以出口为主，近年年均出口产值 6 亿美元。其中，70% 的塑料鞋出口非洲。从最初的家庭式作坊发展成今天的流水线企业，并引进全自动 EVA 一次注射出发泡成型制鞋机和全自动圆盘塑胶鞋类注射机，吴川鞋业产能和质量日益提升。目前拥有"飞天鹅""兴鹅""梅钦"3 个省著名商标。

5.15.4　湛江市各主要政府部门的积极作为

湛江市发展以工业建设为主，钢铁、石化、造纸成为湛江发展的强大引擎，而即将出台的"五大产业发展计划"（重大工业产业项目达产增效计划、传统产业转型升级计划、现代服务业提速计划、高新技术产业倍增计划、蓝色海洋综合开发计划）是湛江加快建设环北部湾中心城市的重要支撑。在创新发展方面，湛江市政府采取了扶持新型研发机构发展、促进科技与金融结合、积极培育科技企业孵化器、提升企业技术创新主体地位、完善高层次人才培养和引进制度等措施来激发地区创新活力。政府积极推动建设的南方海谷项目是湛江发展海洋经济、发挥湛江海洋优势、实施创新驱动发展战略的重要载体和平台。

5.15.5　小结

国务院批复的《北部湾城市群发展规划》和南方海谷建设是湛江实现崭新发展的契机。近年来，湛江市积极开展公共交通建设包括公路、铁路、机场、港口等，旨在促进广东区域协调发展和国家"一带一路"倡议落实，同时增强与其他省份及广东省其他地市的交流。目前湛江市的发展重点为推动重大工业产业项目达产增效，传统产业转型升级，现代服务业提速，高新技术产业倍增，此外湛江市根据地理特点，积极发展海洋经济，目前已取得初步成果。但湛江仍存在发展质量不高、产业结构不合理、高端人才紧缺等问题。在接下来的发展中，湛江市应抓住"一带一路"发展契机，充分利用自身海洋资源，全面推动创新发展。

5.16　茂名市

5.16.1　茂名市创新现状描述

1. 国民经济综合发展概况

2016 年，茂名市实现地区生产总值（GDP）2636.74 亿元，位于广东省第 7 位，

比上年增长7.8%，增速高于全国（6.7%）1.1个百分点，但低于广东省（9.2%）1.4个百分点。2009—2016年茂名市地区生产总值占广东省的比重见图5-21，茂名市地区生产总值近年来占广东省比值保持在3%左右。

2016年年末常住人口数612.32万人，人均生产总值43061元，排名广东省第11名，低于广东省平均水平（77785元）34724元。2016年，茂名市就业人口数为282.52万人，位列广东省第7位；第三产业增加值1142.12亿元，位列广东省第7位。区域创新综合值为19.84，位列广东省第11位。总体而言，茂名市总量指标在广东省排名中等，在粤东西北地区排名靠前，但相较广东省珠三角经济发达地区差距依旧很大，且人均指标排名较靠后。

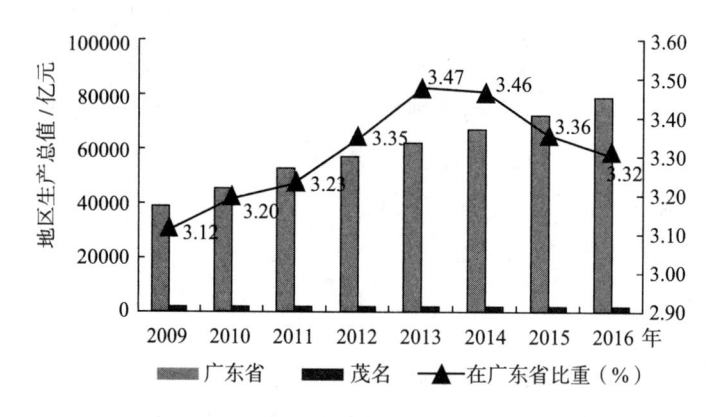

图5-21 2009—2016年茂名市地区生产总值增长及在广东省占比

资料来源：广东省统计年鉴2010—2017。

2016年茂名市工业增加值增长7.1%，其中规模以上工业完成总产值2492.73亿元，实现增加值765.51亿元，增长7.4%；按行业分，非金属矿物制品业、农副食品加工业等传统产业增长较快，分别增长29.1%和13.7%。全员劳动生产率48.60万元/人年，产品销售率98.3%。主营业务收入增长6.8%；利润总额增长22.7%。

2. 科技发展情况

（1）科技发展统计。

茂名市2016年研发经费投入总额为16.15亿元，规模以上企业978家，规模以上企业研发经费内部支出额为15.31亿元，占全社会研发投入的94.76%。规模以上企业主营业务收入2328.77亿元，规模以上工业企业新产品销售收入88.02亿元。截至2016年年末，茂名市每千人拥有企业数2.65家，先进制造业增加值471.69亿元。

在其他创新相关指标方面，茂名市2016年组织申报国家、省级各类科技项目

250项;全市专利申请量5240件,增长48.1%,其中发明专利申请1132件,增长74.2%,全市有专利高新技术企业70家。

(2)创新模式。

在新产业新业态方面,近年来茂名市依据自身优势及地理特点,大力实施滨海发展战略,积极推进海洋综合开发,加强海洋综合管理,努力建设海洋产业结构优化、生态文明和谐的"蓝色经济",海洋经济持续发展壮大。2016年,全市海洋经济产值350亿元,同比增长11.11%,其中增加值占全市GDP的13.46%;涉海项目投资54亿元,同比增长59%。

除了发展传统产业外,茂名市也在积极促进互联网电商与传统产业的融合,以实现地区更好发展。作为全球荔枝最大产地,茂名市每年的荔枝产量约为全世界荔枝产量的1/5,电白区是茂名荔枝主产基地之一。近年来,电白区大力扶持和推广"互联网+"销售模式,全区共建起电子商务平台37个。成立茂名市水果电子商务协会,以协会作为牵头单位,整合全市资源,促进企业抱团发展,有效地解决了企业多年来物流费用昂贵、品质不稳定的老大难问题。

5.16.2 茂名市创新能力评价

2016年茂名市创新生态全省排名第11位,对比2015年排名下降1位,各指标排名见表5-22。分指标分析,投入排名第13位,保持不变;产出排名第18位,下降1位;产业升级排名第12位,下降6位;产业创新环境依然排名第7位,提升2位。

表5-22 茂名市创新能力指标排名

指标名称	2015年综合指标 指标值	2015年综合指标 排名	2016年综合指标 指标值	2016年综合指标 排名
综合值	20.87	10	19.84	11
1 投入	7.91	13	8.28	13
1.1 全社会研发经费支出与GDP之比	8.30	16	8.24	15
1.2 每万名就业人员中研发人员数量	6.17	14	3.83	14
1.3 规模以上工业企业研发经费支出占主营业务收入比重	15.60	10	16.93	10
1.4 知识产权专项经费投入	0.70	13	4.16	13
2 产出	4.80	17	4.04	18
2.1 万人有效发明专利拥有量	0.09	18	0.23	18
2.2 PCT专利申请数占全省PCT专利申请量的比重	0.04	15	0.05	13

续表

指标名称	2015年综合指标 指标值	2015年综合指标 排名	2016年综合指标 指标值	2016年综合指标 排名
2.3 高技术制造业增加值占规模以上工业比重	3.87	19	3.27	19
2.4 新产品销售收入占主营业务收入比重	8.76	15	7.57	19
2.5 单位规模以上工业企业拥有研发人员数量	13.70	13	10.84	13
3 产业升级	46.94	6	43.09	12
3.1 第三产业增加值占GDP比重	33.00	11	24.47	12
3.2 先进制造业增加值	8.21	7	8.32	8
3.3 单位GDP能耗增长速度	94.09	4	91.53	18
4 产业创新环境	32.27	9	31.74	7
4.1 科技支出占财政总支出比例	2.35	19	0	21
4.2 全员劳动生产率	95.93	2	99.29	2
4.3 科研机构数	15.38	5	12.75	6
4.4 每千人拥有的企业数	7.91	18	6.88	18

从具体指标看，在投入方面，茂名市规模以上工业企业研发经费支出占主营业务收入比重排名较靠前；在产出方面，PCT专利申请数占全省PCT专利申请量的比重和单位规模以上工业企业拥有研发人员数量在省内排名较其他指标靠前；在产业升级方面，单位GDP能耗增长速度指标下降14名，导致指标排名下降较大，应在地区发展的同时注意到环境的重要性。在产出创新环境方面，排名较其他分项指标靠前，并稳步提升。

5.16.3 茂名市主要企业及行业的创新活动分析

1. 茂名石化实华股份有限公司

茂名石化实华股份有限公司（股票简称：茂化实华，证券代码：000637）是以国家特大型国有企业—中国石化茂名石油化工公司为发起人，于1988年10月创立的股份制企业，"茂化实华"A股股票于1996年11月14日在深圳证券交易所挂牌上市，是茂名市第一家上市公司。

公司人力技术资源雄厚，现有博士、硕士研究生15人，本科110人，大专140人；教授级高工1人，高级职称13人，中级职称73人及数百名高技能生产人员。公司遵循"技术专利化、专利产业化、产业市场化"的技术创新指导思想，高度重视自主创新，积极践行"工匠"精神，拥有一个广东省级精细化工工程技术研发中心、4项发明专利和12项实用新型专利，多次获得广东省、茂名市科技进步一、二、三等奖。

2009年公司被认定为国家高新技术企业。

茂化实华立足石油化工主业，大力发展乙烯后加工、炼油深加工、精细化工和非炼油乙烯类其他精细化工产业，同时，积极参涉国内其他高科技产业，不断做大做强。茂化实华把科技创新作为重要的发展战略，瞄准人民群众必需的日常生活品开展新产品开发，既满足了下游市场的需求，又为企业增添了效益。目前，茂化实华拥有国内最大的聚丙烯生产能力。公司选址茂名市的目的在于充分利用沿海开放城市的有利条件招股集资兴办实业，广开生产门路发展茂名经济，加速本公司向规模化、多元化、国际化迈进，使全体股东获得良好的投资回报。

2. 矽时代材料科技股份有限公司

矽时代材料科技股份有限公司于2002年11月15日在茂名市工商行政管理局登记成立。公司经营范围包括硅油、硅橡胶及其制品、高分子材料的研制、生产与销售等。

矽时代材料科技股份有限公司注重创新，目前公司拥有发明专利16项；实用新型专利6项。公司"高性能LED、封装硅胶研制及产业化"项目获得2016年广东省科技奖三等奖，成功开发出高性能LED封装硅胶并实现了产业化生产，并推向市场，获得应用，产品得到广大客户认可，并取得显著的经济效益。截至2016年12月，项目累计销售收入达到18477万元，实现利润9000万元，上缴税费2400万元。

5.16.4 茂名市各主要政府部门的积极作为

茂名市政府积极促进茂名市与华南理工大学的合作，将其视为市政府一项重要的决策部署。此外，政府大力培育高新技术企业，全市上下通力合作，共同推进高新技术企业申报认定工作，取得较好的成效，培育发展一批具有自主知识产权、研发实力强、成长性好的高新技术企业，全市高新技术企业数量和质量都得到了提升。在创新创业方面，茂名市政府深入实施创新驱动发展战略和"千人创业带动万人就业"工程，持续推进"大众创业、万众创新"，全市就业创业形势稳中向好。

5.16.5 小结

茂名市近几年来综合实力不断壮大，在项目投资、交通建设、环境治理等方面都取得了不错的成绩，经济发展在粤东西北地区处于前列。但地区内创新能力相对薄弱，缺乏大企业带动地区经济水平、创新能力的发展。地区主导产业仍以传统的石油、钢铁、纺织行业等为主，创新在茂名市发展中的作用没有得到充分展现。在今后的发展中，茂名市可在现有产业的基础上扩大产业链规模，延伸中下游产业链；茂名市应加强基础设施建设，构建粤西重要交通枢纽以加强与其他省市的交流；抓住"互联网+"

及大数据的发展契机,激发地区创新活力。

5.17 肇庆市

5.17.1 肇庆市创新现状描述

1. 国民经济和社会发展概况

2016年肇庆市实现地区生产总值2084.02亿元,增长5.8%,位于广东省第11位,比上年增长5.8%,增速分别低于全国(6.7%)0.9个百分点和广东省(9.2%)3.4个百分点。2009—2016年肇庆市地区生产总值占广东省的比重见图5-22,肇庆市地区生产总值近年来占广东省的比值保持在2%~3%。

2016年年末人口数408.46万人,人均生产总值51021,排名广东省第9位,低于广东省平均水平(67503元)18833元。2016年解决就业人数220.31万人,位列广东省第11位;第三产业增加值767.52亿元,排名广东省第12位。区域创新综合值为21.70,位列广东省第9位。总体而言,肇庆市发展位于粤东西北地区上游,但较珠三角经济发达地区仍存在差距。

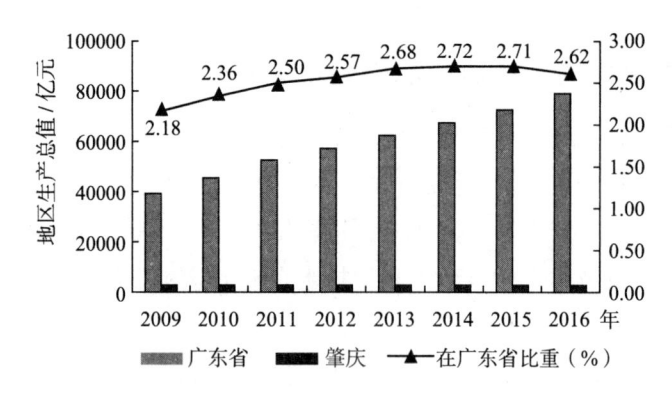

图5-22 2009—2016年肇庆市地区生产总值增长及在广东省占比

资料来源:广东省统计年鉴2010—2017。

2016年全市实现规模以上工业增加值952.73亿元,同比增长3.7%。先进制造业增加值同比增长8.2%,先进制造业对全市工业增长的贡献率达69.6%,在先进制造业中,拉动增长较快的新兴支柱行业有:仪器仪表制造业和汽车制造业,同比分别增长58.8%和14.1%,新兴支柱行业对全市先进制造业增长支撑作用进一步增强。

2. 科技发展情况

（1）科技发展统计。

肇庆市2016年研发经费投入总额为22.02亿元，规模以上企业1100家，规模以上企业研发经费内部支出额为21.44亿元，占全社会研发投入的97.40%。规模以上企业主营业务收入3905.11亿元，规模以上工业企业新产品销售收入631.87亿元。截至2016年年末，肇庆市每千人拥有企业数0.62家，先进制造业增加值300.52亿元。

在其他创新相关指标方面，2016年年末肇庆市共有县及县级以上国有研究与开发机构、科技情报和文献机构16个。全市高新技术企业188家，高新技术产品产值预计约1385亿元，比上年增长6%。拥有国家级创新平台8家。2016年，获省部级以上科技成果3项（按成果登记数）。2016年申请专利量3579件，同比增长52.7%，其中发明专利931件，增长88.5%。专利授权量1945件，增长12.7%，其中发明专利授权量210件，增长27.3%。《专利合作条约》（PCT）国际专利申请量16件，增长23.1%。2016年经各级科技行政部门登记技术合同9项，技术合同成交额1118.16万元。

（2）创新模式。

肇庆市大力实施工业发展"366"工程，提出用5年时间打造新能源汽车、先进装备制造、节能环保3个超千亿元产业集群。在"366"工程带动下，肇庆市新能源汽车、先进装备制造、节能环保产业逐步集聚，随着扶持实体经济、民营经济发展的政策相继出台，园区建设提质增效，创新驱动力促转型升级，工业振兴正积聚后劲，为推动肇庆市实体经济发展不断夯实工业基础。

此外，肇庆市大力发展电商产业，大旺跨境贸易电商平台试运行，唯品会二期等11个项目动工建设，新引进京东集团"一基地三中心"和阿里巴巴农村淘宝项目，肇庆大数据云服务产业园成为省首批大数据产业园，全市限额以上单位通过公共网络实现商品零售额89亿元，增长58%。至2015年，全市高新技术企业达139家，是2010年的2.28倍；列入省高新技术企业培育计划的企业达75家；助推一批科技型中小微企业发展壮大。

5.17.2 肇庆市创新能力评价

2016年肇庆市创新生态全省排名第9位，对比2015年排名上升2位，各指标排名见表5-23。分指标分析，投入排名第10位，保持不变；产出排名第10位，上升1位；产业升级排名第16位，上升3位；产业创新环境依然排名第11位，保持不变。

表 5-23 肇庆市创新能力指标排名

指标名称	2015年综合指标 指标值	2015年综合指标 排名	2016年综合指标 指标值	2016年综合指标 排名
综合值	19.04	11	21.70	9
1 投入	15.76	10	15.79	10
1.1 全社会研发经费支出与GDP之比	20.08	10	19.21	10
1.2 每万名就业人员中研发人员数量	24.03	9	21.52	9
1.3 规模以上工业企业研发经费支出占主营业务收入比重	12.43	11	14.70	11
1.4 知识产权专项经费投入	1.07	10	4.30	12
2 产出	11.87	11	17.26	10
2.1 万人有效发明专利拥有量	1.63	11	1.78	11
2.2 PCT专利申请数占全省PCT专利申请量的比重	0.10	11	0.08	11
2.3 高技术制造业增加值占规模以上工业比重	12.10	10	12.31	11
2.4 新产品销售收入占主营业务收入比重	17.47	11	41.87	8
2.5 单位规模以上工业企业拥有研发人员数量	34.29	9	31.44	8
3 产业升级	28.33	19	37.5	16
3.1 第三产业增加值占GDP比重	10.06	20	5.65	20
3.2 先进制造业增加值	6.24	10	5.05	11
3.3 单位GDP能耗增长速度	65.53	13	97.15	2
4 产业创新环境	23.49	11	20.3	11
4.1 科技支出占财政总支出比例	19.59	12	13.79	14
4.2 全员劳动生产率	44.16	5	41.89	4
4.3 科研机构数	13.19	7	11.76	7
4.4 每千人拥有的企业数	11.07	14	9.03	15

从具体指标看，在投入方面，肇庆市在知识产权专项经费投入方面略有下滑，其他指标保持不变。在产出方面，新产品销售收入占主营业务收入比重和单位规模以上工业企业拥有研发人员数量排名小幅上升，使得产出排名上升。在产业升级方面，单位GDP能耗增长速度指标上升11名，取得较好进展。在产出创新环境方面，全员劳动生产率排名在省内较其他指标排名靠前，并有小幅上升。

5.17.3 肇庆市主要企业及行业的创新活动分析

1.广东风华高新科技股份有限公司

广东风华高新科技股份有限公司（以下简称风华高科）于1996年在深圳证券交易所挂牌上市（证券简称：风华高科，证券代码：000636），是一家专业从事新型元器件、电子材料、电子专用设备等电子信息基础产品的高科技上市公司。公司自1985

年进入电子元器件行业以来，实现了跨越式的发展，现已成为国内最大的新型元器件及电子信息基础产品科研、生产和出口基地，拥有自主知识产权及核心技术的国际知名新型电子元器件行业大公司。

风华高科具有完整与成熟的产品链，具备为通讯类、消费类、计算机类、汽车电子类等电子整机整合配套供货的大规模生产能力。公司致力成为国际一流的电子信息基础产品整合配套供应商，为客户提供一次购齐的信息基础产品超级市场服务和协同设计增值服务。

在创新方面，风华高科组建的广东风华电子研究院被广东省科技厅认定为省新型研发机构；"新型电子元器件关键材料与工艺国家重点实验室"是肇庆市首个企业国家重点实验室。风华高科拥有三级研发体系开展研发活动，分别包括前瞻技术研发、应用技术研发及制造工艺研发。公司拥有的元器件核心技术包括先进集成封测技术、厚膜工艺技术、薄膜工艺技术、纳米材料技术、光机电一体化装备技术、元器件应用及可靠性测试技术。

在人才组件方面，风华高科在全国36家企业扩大开展博士后工作试点。博士后科研项目涉及电子材料学、自动控制、精细化工、机械设计、计算机及经济管理等领域。

2. 广东粤生科融科技发展有限公司

广东粤生科融科技发展有限公司（以下简称粤生科融）是一家具有业内丰富经验的科技园区运营服务提供商。由广东省生产力促进中心直属广东拓思软件科学园有限公司、广东广招招标采购有限公司、广州市昂丰科技有限公司等联合发起设立，旨在以市场化方式更有效地服务广东科技金融业务发展。

粤生科融致力于服务广东创新驱动发展和产业转型升级，面向省内高新区、专业镇、科技企业孵化器、科技型企业、投融资机构提供创新、科技成果转移转化、投融资服务、产业规划、企业咨询、项目开发等方面的综合性科技金融服务，促进广东科技金融事业发展。

粤生科融打造的双创平台通过系统化的云模块打破空间壁垒，加强区域服务能力，实现网上网下企业服务资源高效配置，从而促进创业创新，切实构建一个常态化的企业创新生态圈。

5.17.4 肇庆市各主要政府部门的积极作为

肇庆市各级政府高度重视创新发展，明确创新驱动发展，出台了《中共肇庆市委　肇庆市人民政府关于明确创新驱动主攻方向　加快主导产业发展的实施意见》《肇庆市科学技术发展"十三五"规划（2016—2020）》等一系列发展规划，努力将肇庆

市建设成为珠三角连接大西南枢纽的门户城市。政府大力实施"西江人才计划",引进国家"千人计划"专家,为地区发展提供人才储备。政府在推进科技体制改革、提高科技创新水平等方面都取得了进展,充分发挥了在创新发展中政府的引导作用。

5.17.5 小结

近年来,肇庆市政府重视创新在经济发展中的作用,创新能力不断增强,仍有广阔的发展空间。装备制造业、新型电子信息产业、材料产业、生物医药产业是肇庆市四大主导产业。目前以信息技术革命为先导的新技术、新产业、新业态迅猛发展,"中国制造2025""互联网+""大众创新万众创业"等国家创新战略强势推进,是肇庆市实现经济快速增长、追赶珠三角发达地区的契机。在未来发展方面,肇庆市科学技术发展的战略定位是"1+3",即围绕建设创新型城市,打造珠三角国家自主创新示范区的重要节点、科技成果孵化转化和拓展基地、珠三角与大西南科技产业链接中心。

5.18 清远市

5.18.1 清远市创新现状描述

1. 国民经济和社会发展概况

2016年清远市实现地区生产总值(GDP)1388.1亿元,位列广东省第14位,比2015年增长8.6%,增速高于全国(6.7%)1.9个百分点,但低于广东省(9.2%)0.6个百分点。近年来清远市地区生产总值占广东省比重有逐年下降的趋势,低于2%,如图5-23所示。

2016年年末常住人口数384.6万人,人均生产总值36082元,位于广东省第15位,不到广东省平均水平的一半,低于省平均水平(77785元)41703元。2016年,清远市就业人口数为205.75万人,位列广东省第14位;第三产业增加值666.75亿元,位列广东省第14位。区域创新综合值为16.83,位列广东省第15位。总体而言,清远市地区发展水平位于广东省中下游,与珠三角经济发达地区差距较大,在粤东西北地区地市中处于中游水平。

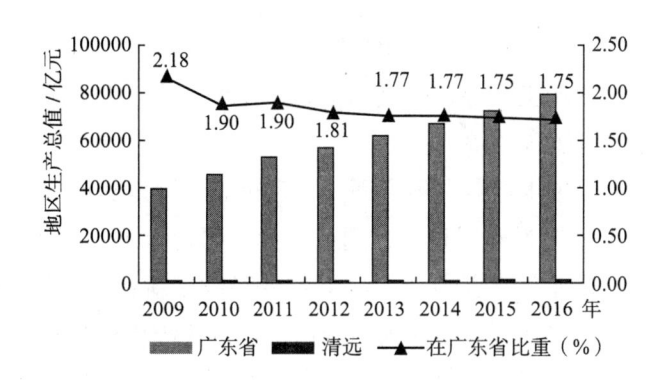

图 5-23　2009—2016 年清远市地区生产总值增长及在广东省占比

资料来源：广东省统计年鉴 2010—2017。

2016 年清远市规模以上工业完成增加值 444.4 亿元，增长 10.0%。规模以上工业现代产业增加值 222.6 亿元，增长 10.5%。先进制造业增加值 84.5 亿元，增长 23.8%，其中石油及化学行业增长 40.4%；高技术制造业增加值 23.0 亿元，增长 55.6%，其中医药制造业增长 14.6%，电子及通信设备制造业增长 67.4%；优势传统产业增加值 149.8 亿元，增长 5.9%，其中建筑材料业增长 9.4%，金属制品业增长 18.0%。

2.科技发展情况

（1）科技发展统计。

清远市 2016 年研发经费投入总额为 6.23 亿元，规模以上企业 621 家，规模以上企业研发经费内部支出额为 5.33 亿元，占全社会研发投入的 85.54%。规模以上企业主营业务收入 1601.5 亿元，规模以上工业企业新产品销售收入 194.95 亿元。截至 2016 年年末，清远市每千人拥有企业数 0.82 家，先进制造业增加值 76.03 亿元。

在其他创新相关指标方面，2016 年清远市登记科技成果 55 项，与 2015 年持平。2016 年全市专利申请受理量达 3080 件，增长 96.3%；专利授权量 1572 件，增长 54.6%；发明专利授权量 81 件，下降 26.4%。2016 年《专利合作条约》（PCT）国际专利申请量 8 件，比上年增加 6 件。

（2）新产业新业态。

清远市充分发挥互联网创新驱动作用，构建多要素的网络众创空间，进一步完善创新基础，为创新发展提供新支撑、新机遇。以开发区、各科技园为创新创业载体，进一步构建开放式创新平台，促进创业主体的集聚和孵化，推动科技企业孵化器建设，构建"创业苗圃＋孵化器＋加速器＋产业化"的完整孵化链条。整合开放各类技术

研发平台、知识产权转移中心、企业孵化器、产业加速器,支持社会资本兴办各类创客空间、创业驿站、创新工场等新型众创空间,在大企业研发需求与小微企业、创客创意和开源技术之间搭建合作桥梁。

在高新区建设和高技术产业发展方面,清远市高新区以建设国家高新区为核心抓手,以营造良好创新生态为发展目标,通过建设新平台、出台新政策、强化新主体、建设新金融、建立新联系等多措并举,全面加快科技创新各项工作,区域经济发展、科技创新能力明显提升。清远高新区大力推进科技企业孵化器和众创空间建设,营造良好创新创业生态。2016 年,园区内华炬科技企业孵化器获批成为粤东西北地区首批国家级孵化器。目前,园区内孵化器、众创空间引进了一大批科技型小微企业,为区域创新开创了一个良好开端。

5.18.2 清远市创新能力评价

2016 年清远市创新生态全省排名第 15 位,对比 2015 年排名下降 3 位,各指标排名见表 5-24。分指标分析,投入排名第 17 位,下降 1 位;产出排名第 14 位,下降 2 位;产业升级排名第 7 位,下降 2 位;产业创新环境依然排名第 15 位,提升 4 位。

表 5-24 清远市创新能力指标排名

指标名称	2015 年综合指标 指标值	2015 年综合指标 排名	2016 年综合指标 指标值	2016 年综合指标 排名
综合值	17.16	12	16.83	15
1 投入	5.11	16	3.9	17
1.1 全社会研发经费支出与 GDP 之比	5.47	17	4.21	18
1.2 每万名就业人员中研发人员数量	6.29	14	3.68	15
1.3 规模以上工业企业研发经费支出占主营业务收入比重	7.24	16	4.40	18
1.4 知识产权专项经费投入	0.42	16	1.96	17
2 产出	9.36	12	9.64	14
2.1 万人有效发明专利拥有量	0.54	14	0.68	13
2.2 PCT 专利申请数占全省 PCT 专利申请量的比重	0.02	18	0.04	14
2.3 高技术制造业增加值占规模以上工业比重	4.03	18	4.67	18
2.4 新产品销售收入占主营业务收入比重	25.37	10	28.10	11
2.5 单位规模以上工业企业拥有研发人员数量	17.79	12	13.70	12
3 产业升级	49.65	5	46.51	7
3.1 第三产业增加值占 GDP 比重	43.38	5	37.99	6

续表

指标名称	2015年综合指标 指标值	2015年综合指标 排名	2016年综合指标 指标值	2016年综合指标 排名
3.2 先进制造业增加值	0.67	18	0.76	16
3.3 单位GDP能耗增长速度	97.80	3	94.24	12
4 产业创新环境	12.58	19	14.63	15
4.1 科技支出占财政总支出比例	6.69	18	13.16	15
4.2 全员劳动生产率	22.41	15	24.67	11
4.3 科研机构数	9.89	9	7.84	10
4.4 每千人拥有的企业数	10.92	15	9.70	14

从具体指标看，在投入方面，各项指标较为稳定，但都出现了小幅的下降。在产出方面，PCT专利申请数占全省PCT专利申请量的比重排名上升较大，其他指标较为稳定。在产业升级方面，虽然2016年有小幅下降，但排名较为靠前，其中单位GDP能耗增长速度出现大幅下降，下降9位。在产出创新环境方面，科技支出占财政总支出比例和全员劳动生产率排名上升较大，分别上升3位和4位。

5.18.3 清远市主要企业及行业的创新活动分析

1. 清远市齐力合成革有限公司

清远市齐力合成革有限公司（以下简称齐力公司）位于清远国家高新技术产业开发区雄兴工业城内，是一家集研发、生产、销售合成革于一体的现代化企业。目前拥有四家分公司，员工近2000名、其中科技研发人员近200名，是一家生产能力和市场影响力在广东省同行业排名第一位的国家级高新技术企业。

齐力公司新的研发中心以创新为核心，发展高新技术产品，着力增强企业的创新力，推进和实施"技术创新战略"。工程技术研发中心以绿色、生态、环保、适应国内外市场需求的开发与产业化合成革研究为重点，充分发挥研发中心的自主创新能力。

"自主创新"是齐力公司一直在努力追求的事情。因为公司产品的生命周期短、更新换代快，迫使企业要紧跟时尚潮流进行产业转型升级和创新驱动。公司十分注重产业升级，加强生产工艺和技术改造，加强自主创新、自主研发和产业链完善，建有研发中心和检测中心。已经申报广东省企业技术中心，目前正在审批过程中。与四川大学、仲恺农业工程学院等多所高校和研发机构建立了产学研基地和高新技术合作项目，已获得国家发明专利和实用新型专利18个，另有13个发明专利和实用新型专利

正在审批过程中。公司高度重视人才引进和培养,并将其定为公司的一项长期战略。从 2011 年开始启动"251 人才工程",面向全国各大院校招聘大学生,近几年已引进储备大学本科毕业生 60 多名、研究生 2 名、副高工程师 2 名。与西北政法大学等多所高校建立了毕业生实习基地。

2. 广东豪美铝业股份有限公司

广东豪美铝业股份有限公司成立于 2004 年 08 月 20 日,崛起于中国广东,在改革开放的大潮中发展和壮大。公司是一家集专业研发、制造、销售于一体的国内大型铝型材制造商。多年来,豪美一直致力于向产业链上下游拓展,追求高技术集成、高品牌价值和高产品附加值,已成功由一家传统铝制品企业,转型为一家从事铝合金节能系统门窗以及汽车轻量化材料技术创新和产业化应用的国家重点高新技术企业。所生产的"豪美"牌铝型材已广泛应用在建筑物及轨道交通、机电机械、电子电器等领域。

公司形成了从熔铸、模具设计与制造、挤压、喷涂到深加工完整的铝型材产业链;其中公司的特种型材项目现已被列为国家发改委重点产业振兴支持项目、广东省 2011 年度重点建设项目,并被广东省经信委列为 23 个重大项目之一。公司积极进行科技创新,研发新产品,被认定为"国家认定企业技术中心"。

豪美铝业现已成为经营实力雄厚、产品规格配套齐全、研发设施完善、产品创新能力显著的大型企业,并在汽车轻量化产业领域独树一帜,已自主研发出首台纯电动全铝车架,使传统车身重量减轻 40%,实现高度节能产业化。公司信息化水平高、生产质量稳定、营销网络和售后服务体系健全,正驶入高速发展的轨道,将跻身世界铝型材大型企业阵列。豪美铝业从市场需求出发,以高、精、尖新型型材为研发主导,努力提高产品的档次,集精密模具制造、生产销售、技术研发于一体,抓住市场机遇,不断发展壮大,扩大国际交流与合作,进一步提升企业在市场、品牌、产品、技术、网络、机制和观念上的国际化水平,走民族企业国际名牌之路,创建具有国际竞争力的百年企业。

5.18.4 清远市各主要政府部门的积极作为

近年来,清远市政府积极引进资源,支持地区科技创新。在引进高新技术企业及省高新技术企业培育库入库企业的同时积极引进人才和创新团队,鼓励企业引进新技术。此外,政府鼓励企业申报国家高新技术企业和广东省高新技术企业培育入库,鼓励企业开展自主核心技术攻关等,鼓励各级政府、企业、高等院校、科研院所以产学研合作形式在清远创办新型研发机构等。在高新区建设方面,清远高新区在广东省、清远市出台相关科技政策的基础上,密集出台了《科技专项资金管理办法》《科技企业孵化器专项资金管理办法》《关于促进科技和金融结合的实施办法》等系列政策以支持引导创新。

5.18.5 小结

清远市近年来经济发展不断取得新的成效,新兴产业发展迅速,电商、智慧城市和大数据建设得到重视。清远市高新区已成为粤东西北第二个国家级高新区。但清远市创新发展过程中仍存在一些问题,如经济总量相对较小、产业结构相对单一、重大工业项目及规模以上企业不多、创新能力不足、因地理原因导致了南北差距较大、发展不均衡。在今后的发展中,清远市在南部和北部地区应实施不同的发展计划,南部地区深入实施广清一体化发展战略,以加快融入珠三角地区;北部地区在广州市的帮扶下,大力发展经济以实现全面建成小康社会的目标。此外,应重视创新在经济发展中的作用,强化企业创新的主体地位,培育创新型企业,同时抓住"互联网+"、大数据等发展契机,进一步激发地区创新活力。

5.19 潮州市

5.19.1 潮州市创新现状描述

1. 国民经济综合发展概况

2016年,潮州市地区生产总值976.83亿元,位居全省第18名,占全省的1.23%,同比增长7.3%,增速低于全国(6.7%)0.6个百分点,低于全省(9.2%)1.9个百分点,地区生产总值占广东省地区生产总值的比重保持在1.2%左右,图5-24显示了潮州市2009—2016年GDP增长情况。

2016年年末人口数为264.6万人,人均GDP为36956元,全省第14名,低于全省平均水平(77785元)40868元;就业人数124.94万,居全省第19名;第三产业增加值361.56亿元,全省第19名;区域创新综合值为14.93,位列第17位。从总体看,潮州市主要经济指标在广东省排名靠后,国民经济发展水平与广东省平均水平差距较大。

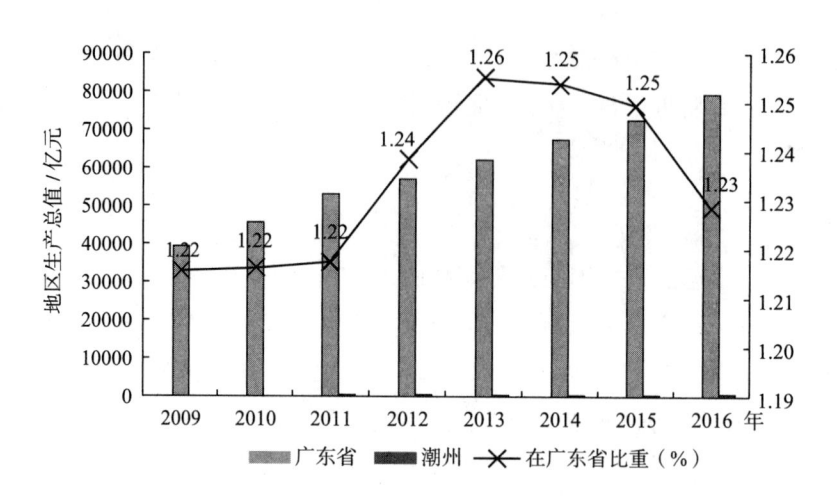

图 5-24　2009—2016年潮州市地区生产总值增长及在广东省占比

资料来源：广东省统计年鉴2010—2017。

2. 工业发展情况

2016年，潮州市全年规模以上工业增加值379.3亿元，增长6.6%，规模以上工业企业436个，增长10.9%，实现利润总额121.15亿元，下降2.1%。

全市规模以上高技术制造业增加值26.4亿元，增长16.8%，占规模以上工业增加值的比重为7%，其中电子及通信设备制造业增长最快，达22.3%。先进制造业增加值38.6亿元，增长19.2%，占规模以上工业增加值的比重为10.2%，其中装备制造业增长最快，达21.1%，钢铁冶炼及加工业增长18.5%，石油及化学行业增长13.4%。优势传统产业增加值增长6.9%，陶瓷工业、食品工业、服装工业、塑料工业、印刷和记录媒介制造业、电子工业、不锈钢制品业和水族机电业八大行业实现增加值260.8亿元，增长8.2%，占规模以上工业比重68.8%，超过地区规模以上工业比重的2/3，拉动规模以上工业增长5.4个百分点。虽然高技术和先进制造业增长迅速，但潮州市还是典型的以传统产业发展为基础的地区。外贸出口有所下降，2016年全年进出口总额30.3亿美元，比上年下降3.5%。进口总额4亿美元，比上年增长6.2%；出口总额26.3亿美元，比上年下降4.8%。

3. 科技发展情况

（1）科技发展统计。

2016年，全市专利受理量为5626项，比上年增长63%；专利授权量3796项，比上年增长14.9%。全市4项专利获评中国专利奖，其中1项发明专利获评中国专利金奖。全年申报科技项目95项，其中省级27项，市级68项。高新企业大幅增加。

全年新认定省级高新技术企业20家，比上年增长33.3%，存量达到历史最高的53家。全市现有工程技术研究中心83家，其中省级工程技术研究中心39家。全市市级专业镇29个，其中省级专业镇20个。另外，潮州市2016年再次斩获省科学技术奖一等奖，成为粤东首个连续两年获此殊荣的地级市。

（2）创新模式。

潮州市重视创新平台的建设。2016年，潮州制订并实施"产业提升三年行动计划"，着力培育新电子、新能源、新医药三大特色产业。潮州拥有"新型电子材料"和"新型环保包装材料"2个省市共建战略性新兴产业基地建设。国家和省级企业共性技术研发中心42家，其中，国家企业技术中心1家。潮州市连同中山市共建了潮州—中山产业创新创意园，坐落在"潮创街"。目标是打造成基础性、公共性、公益性的重大公共科技服务机构，以解决广大中小微企业的共性需求。目前，该园已助推潮州成功创建全国首个"国家级出口陶瓷质量安全示范区"，帮助全市197家陶瓷出口企业获得输美认证资格，约占全国企业的1/4。

为建设好"中山—潮州产业创新中心"，潮州市大力推进专业镇技术创新试点工作，加快"市县镇企"4级专业镇技术创新服务平台建设，促进潮州市专业镇与中山市专业镇的对接工作。围绕陶瓷、食品及包装印刷、不锈钢制品、农业种养及加工等支柱产业，潮州开展关键共性技术联合攻关，2016年6月发布的《广东省专业镇创新指数》中，潮州市有枫溪区、庵埠镇等7个专业镇上榜，上榜数居粤东各市首位。凤泉湖"互联网+制造"小镇被列入省级培育小镇。产学研方面，潮州市与清华大学、复旦大学、中山大学、华南理工大学等近60家单位签订了产学研合作项目近200项，在新材料、节能减排、光机电一体化、食品安全等技术领域开展合作研究与成果转化应用。

5.19.2 潮州市创新能力评价

2016年，潮州市创新能力全省排名第17位，比2015年下降1位，见表5-25。从指标分析结果可以看出，投入方面排名第12位，上升2位；产出排名第16位，指标值有所增加，但排名不变；产业升级排名第15位，上升3位；产业创新环境排名第20位，指标值较2015年基本持平，但下降4位。

从具体指标来看，投入方面，知识产权专项经费投入进步幅度较大，前进8位，位列第7，其他指标排名变化不大，处于中游水平。产出方面，新产品销售收入占主营业务比重在数值和排名方面均上涨较快，其他指标与2015年基本持平。产业升级方面，单位GDP能耗虽有所下降，但排名下降3位，需要在创新发展过程中引起

高度重视。产业创新环境方面，发展形势不理想，科技支出占财政总支出的比例较2015年下降较多，排名也下降5位，全员劳动生产率、科研机构数和每千人拥有企业数指标值均有所下降，可见省内其他市级地区发展更为强劲。

总体来看，潮州市传统产业比重较高，第三产业增加值不大，经济仍主要依托传统基础性产业进行发展，虽取得一定成绩，但发展速度仍过于缓慢。为进一步提高潮州市创新能力，政府应该大力提高对产业创新环境的建设和保障力度，加大对科技财政的支持，同时要加快产业升级，重视可持续发展，进一步推动GDP能耗的降低，大力推进第三产业、高技术产业、先进制造业的发展。

表5-25 潮州市创新能力指标排名

指标名称	2015年综合指标 指标值	2015年综合指标 排名	2016年综合指标 指标值	2016年综合指标 排名
综合值	14.79	16	14.93	17
1 投入	7.6	14	9.79	12
1.1 全社会研发经费支出与GDP之比	8.65	15	9.29	14
1.2 每万名就业人员中研发人员数量	10.63	12	9.3	12
1.3 规模以上工业企业研发经费支出占主营业务收入比重	8.79	14	9.85	14
1.4 知识产权专项经费投入	0.46	15	11.09	7
2 产出	5.26	16	6.82	16
2.1 万人有效发明专利拥有量	1.72	10	1.84	10
2.2 PCT专利申请数占全省PCT专利申请量的比重	0.02	18	0.02	17
2.3 高技术制造业增加值占规模以上工业比重	10.81	12	10.12	15
2.4 新产品销售收入占主营业务收入比重	5.74	19	13.07	15
2.5 单位规模以上工业企业拥有研发人员数量	7.48	15	7.3	16
3 产业升级	38.58	12	39.55	15
3.1 第三产业增加值占GDP比重	23.06	15	18.69	15
3.2 先进制造业增加值	0	21	0	21
3.3 单位GDP能耗增长速度	87.17	7	94.31	10
4 产业创新环境	14.39	16	10.1	20
4.1 科技支出占财政总支出比例	21.01	11	9.88	16
4.2 全员劳动生产率	16.82	17	15.97	18
4.3 科研机构数	1.1	19	0.98	19
4.4 每千人拥有的企业数	13.69	11	11.32	11

5.19.3 潮州市主要企业及行业的创新活动分析

1. 潮州三环（集团）股份有限公司

潮州三环（集团）股份有限公司，成立于1970年，2014年在深圳上市，是国家"863"成果产业化基地，国家高新技术企业，连续多年名列中国电子元件百强前十名，2016年名列第八。创办初期的十几年一直亏损，直到1984年引进国外技术和设备才实现盈利，20世纪90年代末成为全球最大的固定电阻器和陶瓷基体生产企业。2001年，三环集团意识到产品市场空间已遇"天花板"，把产品定位在中高端，瞄准新材料、新能源的开发利用。三环集团先后研制和投产了氧化铝陶瓷基板、片式陶瓷多层电容器（MLCC）等一批不同应用领域的新产品。新产品在全球细分市场占据了主要份额和主导地位，而老产品受社会产品转型的影响，原来占三环经济总量85%，现不足7%。

资金投向上，三环集团优先选择技术创新，现每年技术创新投入超过营业收入的5%，全部用于提升改造生产技术、设备和产品研发。三环集团2016年实现营业收入28.88亿元，利润9.15亿元。自2000年开始，三环集团失败的创新项目高达30项，远多于成功的项目，但三环集团仍不懈研发，形成一条龙的技术创新体系。与10年前的三环相比，销售额增长5.7倍，利润猛增21倍。现已研发多项具有自主知识产权的光通信产品，申请了33项国内外专利，其中一项核心专利获得了美国专利商标局的授权，另有3项专利分别获得日本、韩国及我国台湾地区的授权，有效保障了全球市场开拓。

三环集团基本建立了自己的创新体系。首先，2012年三环集团成立三环研究院，设置9个研究室和测试分析中心，研发团队多达500人，为公司新材料、新产品开发和各产品工厂的技术、工艺创新开发提供强有力的技术支撑。研究院还设立了由5位院士、4位大学校长和学科专家组成的科学技术专家委员会，并聘请来自美国、日本和韩国等国家的知名专家担任技术顾问。

其次，三环集团还在公司内部推行"万众创新"的做法，大部分研发成果都来自一线。每年技术创新项目超150项，涵盖材料、工艺技术、设备等方面。公司对于技术创新的奖励十分大方，奖金上不封顶，有一年光器件厂获奖金额就达86万元。再次，"以能力定职位，以贡献定薪酬"，技术创新成为三环员工晋升为工程师或管理层的重要渠道。为激励创新，三环对优秀的技术人才提供了优厚的待遇：创新奖励、提薪、奖励住房、配车等。最后，公司还制定了一系列的管理制度。

2. 广东凯普生物科技股份有限公司

广东凯普生物科技股份有限公司成立于2003年，是国内领先的核酸分子诊断产品提供商，产品涵盖传染病监测和遗传病监测两大领域，拥有国内产品注册证书 44 项，获得欧盟 CE 认证产品 18 项，产品应用覆盖国内外近 1000 家医疗机构，出口 20 多个国家。2008 年获评高新技术企业，2012 年被评为广东省创新型企业。2016 年营业收入 3.98 亿元，净利润 0.76 亿元。主打产品分子诊断试剂和分子诊断配套仪器收入 3.93 亿元，占营收的 98.6%。

基于拥有自主知识产权的导流杂交技术平台和国际通用荧光 PCR 定量检测技术平台，研发了覆盖传染病检测和遗传病检测两大领域的产品线，并针对人乳头状瘤病毒（HPV）感染引起的宫颈癌、巨细胞病毒等感染引起的下生殖道传染性疾病，以及地中海贫血基因、耳聋易感基因、苯丙酮尿症等遗传性疾病、产前诊断及新生儿疾病筛查，以及肿瘤早期检测等核酸分子检测等，开发了一系列产品，广泛应用于临床检测、大规模人口筛查和优生优育管理领域。其中 HPV 检测系列产品在目前宫颈癌临床检测及筛查领域占据市场主导地位。

凯普生物 2016 年研发投入占比为 8%，获得专利共 23 项，其中发明专利 16 项。员工中拥有学士、硕士、博士的学位占 80% 以上。2015 年年末，以公司产品为研究工具的研究成果论文累计超 300 篇。已在全国主要省市建立了约 25 家凯普分子检验中心，将研发、生产、销售、售后服务全链条打通，形成"仪器 + 试剂 + 服务"的经营业态和"产品 + 服务 + 大数据"的模式。

2012 年公司获得广东省科技厅、发改委和经信委批准，建设"广东省人乳头状瘤病毒（HPV）相关疾病分子诊断工程技术研究开发中心"，成为国内分子诊断领域少数有能力建造省级研发中心的企业之一。2013 年获批组建博士后科研工作站，2014 年凯普企业技术中心评为省级企业技术中心。随后，陆续建立医学检验所，覆盖全国并形成预防医学新网络。2015 年，国家战略性新兴产业发展专项——广东凯普生物芯片研发产业基地正式启动，技术链和产业链齐头并进。2016 年，凯普"人乳头瘤病毒基因分型检测试剂盒及其基因芯片制备方法"荣获第 18 届中国发明专利金奖，成为率先获得专利金奖的体外诊断企业。2017 年 4 月，凯普生物在深圳创业板成功上市。

上市后，计划投资 4.63 亿，分别用于：核酸分子诊断试剂扩产项目 15328.65 万元、分子医学检验所建设项目 18084.83 万元、营销网络建设项目 6026.5 万元、研发中心建设项目 6879.8 万元。

5.19.4 潮州市主要政府部门的积极作为

为营造良好的政策支撑环境，潮州市先后出台了《潮州市科学技术进步奖励办法》《关于大力推进科技创新的若干意见》《潮州市科技计划项目资金管理办法》等政策措施，从环境建设、人才、资金等方面为潮州科技创新提供有力的制度保障。第一，加大跨区域科技合作力度，除产学研跨区域的科技合作外，通过食品包装行业与汕头市合作，不锈钢产业与揭阳市合作，陶瓷产业、农业与梅州市合作等，有针对性地强化了粤东乃至珠三角、闽西南的区域合作。第二，激励企业有计划、持续地增加研发投入，建设中小企业、民营企业公共（技术）服务示范平台以及产业化示范基地，加快创新成果产业化，为大众创新提供技术支撑，逐步形成可复制、可推广的经验做法，推进小微企业技术创新和转型升级。第三，2015年，潮州市已建立中小微企业融资政策性担保和再担保机构，注册资金1.2亿元，引导创业投资、风险投资更多向创业创新企业投资。

此外，潮州市政府也大力推进国家知识产权试点城市工作，印发实施《潮州市国家知识产权试点城市工作方案》，挂牌运作"广东省知识产权维权援助中心潮州（陶瓷）分中心"，制订陶瓷专利信息查询平台建设方案，探索开展陶瓷产业集群的知识产权快速调解机制。

5.20 揭阳市

5.20.1 揭阳市创新能力分析

1. 国民经济综合发展概况

2016年揭阳市实现地区生产总值（GDP）2032.61亿元，位居广东省第13位，比上年增长7.54%。增速高于全国（6.7%）0.84个百分点，但低于广东省（9.2%）1.66个百分点。2009—2016年揭阳市地区生产总值占广东省的比重见图5-25，揭阳市地区生产总值近年来占广东省比值保持在2.6%左右。

2016年，揭阳市常住人口数609.40万人，人均生产总值33451元，排名广东省第17名，较广东省平均水平（67503元）低36248元。2015年解决就业人数275.07万人，位列广东省第8位；第三产业增加值650.29亿元，位列广东省第14位。揭阳市三次产业结构之比9.3∶58.7∶32.0。总体而言，江门市总量指标位于广东省内中等偏下水平，相较广东省珠三角经济发达地区差距很大，在广东省的比重在波动中略有提升。

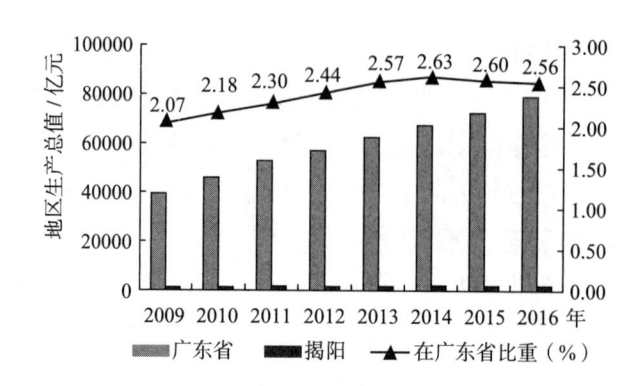

图 5-25　2009—2016 年揭阳市地区生产总值增长及在广东省占比

资料来源：广东省统计年鉴 2010—2017。

2. 工业发展情况

2016 年，揭阳市和德国最大的工业园区阿德勒斯霍夫科技园区联手共建了当时全国唯一和德国工业园区共建的、具有德国 DNA 的园区，这个园区同时还是全国第一个由行业协会来建设运营的园区。通过项目合作和园区运营，揭阳市把揭阳的企业家送到德国去交流和学习，对企业家提升做企业的思维很有帮助。揭阳在奥地利和捷克工业协会等都组织"百人团"和揭阳合作。同时，揭阳把对德合作项目化、实效化、常态化，中德中小企业合作交流会永久落户揭阳。揭阳还创办"德国退休工程师引进工程"，并在德国设立六个办事处。揭阳市承建工信部项目，在德国建立首个"中国中心"，开辟捷台欧、捷港欧的新丝路。

揭阳市传统产业升级的加护就是实施领军企业家转型升级培训计划、传统产业对德合作计划，拿出 1000 万奖励给从德国引进退休工程师的企业。实施了金融项目进企业计划、企业电商人才引进培训计划、企业品牌推广计划等。

3. 科技发展情况

表 5-26　揭阳市科技发展情况

指标名称	统计截止年份/年	数量	排名	增长率（%）
研发经费投入总额/亿元	2015	11.36	13	3.74
研发人员数量/人	2014	3436	14	9.70
规模以上工业企业数/家	2016	1991	7	-1.9
有研发机构的规模以上企业数/家	2015	53	12	/
开展研发活动的规模以上企业数/家	2015	53	12	/
规模以上工业企业研发经费内部支出额/万元	2015	108194	13	0.39
规模以上工业企业主营业务收入/亿元	2016	5057.3042	7	12.86

续表

指标名称	统计截止年份/年	数量	排名	增长率（%）
规模以上工业企业新产品销售收入/万元	2015	1591583.9	12	17.61
每千人拥有（规模以上）企业数/家	2015	33.5	11	2.59
高新技术产品产值/亿元	2015	76.022633	18	-52.92
高校和科研院所研发经费支出额中来自企业比重（%）	2014	5.80	19	192.53

注："有研发机构的规模以上企业数"2015年调整统计口径，故未统计增长率。

2016年，揭阳市市级产业技术研究与开发费用支出3710万元，增长452.9%。年末全市共有高新技术企业65家，当年新增14家；申报省高新技术企业培育库入库企业28家；当年获得省各类科技计划项目立项15个；新增院士工作站2个，累计8个，数量居粤东地区首位；拥有2个省新型研发机构，1个省级企业重点实验室，10个企业科技特派员工作站；新增众创空间1家，科技企业孵化器（众创空间）累计6家，揭阳市科技企业孵化器有限公司被认定为国家级孵化器；新增高新技术企业培育库入库企业27家，增长50%；新增高新技术企业14家，增长27%；18个项目列入省和国家级项目；新增省级工程中心6家，累计42家；荣获省级科技进步奖2项、广东专利优秀奖2项；完成省级科技成果鉴定1项，市级鉴定2项。全年全市专利申请量4846件，增长30.1%，发明专利申请245件，增长38.42%；PCT国际专利申请16件，增长60%；专利授权3040件，增长8.3%，其中发明专利授权68件，增长3.0%。其余主要科技统计指标见表5-26。

5.20.2　创新模式

1. 揭阳市空港经济区

揭阳市空港经济区把培育高新技术企业摆在突出位置，结合实际落实《揭阳市高新技术企业培育发展实施方案》，着力培育壮大高新技术企业，增创产业发展优势。

该区通过宣传发动，依托区经信科技局微信公众号、官方网站等服务平台，全面宣传优惠政策等信息，为创新发展营造良好氛围。同时，积极组织企业参加省、市高新技术企业申报认定培训会议，让企业掌握申报要点、申报流程等事项，为2017年的高新技术企业申报认定工作做好充分准备。在政策落实方面，该区加大扶持力度，组织企业申报2016年新认定的高新技术企业和培育库入库企业奖励资金共70万元。目前，该区正组织万家达、顺星、汇锋、创兴、先捷、聆讯、合升等7家企业申报高新技术企业；组织金亨、春天、富利盛、润峰、锦龙源、永日、恩益等7家企业申报高新技术企业培育库入库企业。

空港经济区积极落实技改政策，优化技改服务，引导企业大力发展智能制造，推动传统产业改造升级，提高生产效率和产品质量，以科技创新助力传统产业供给侧结构性改革。该区至2017年4月完成工业技术改造投资额8亿元，完成全年目标任务的19.05%；实施技术改造规模以上工业企业数量36家，完成全年目标任务的85.71%。

该区把推进技术改造、实施重点技术攻关作为提升企业自主创新能力的工作重点，推动更多企业提高自主创新能力、掌握自主核心技术。该区积极组织专利资助资金申报工作，鼓励企业发明创造，全面提高自主创新能力；积极组织企业参加市知识产权局举办的"知识产权助推双创培训班"活动，帮助企业充分利用知识产权资源，提升企业竞争力；切实抓好专利申请工作，加大知识产权保护力度，激发企业发明创造的积极性和运用能力。

2. 揭阳中德企业合作"4个100"成果

广东省委、省政府高度重视深化和拓展与德国、西班牙等欧洲国家的互利共赢合作，大力推动两地的企业和商协会发挥互补的优势，搭建合作新平台，提升合作新实效。2016年举行的第二届中德中小企业合作交流会，共有来自德国、法国、西班牙、奥地利、捷克的184家企业（机构）的265名外国客商和来自中国的230多家企业展开交流与洽谈，共组织438场洽谈对接会，签署30份合作协议、30份意向书，内容涉及科技、能源、环保、卫生、金融、人力资源等领域。

中德两国同为经济、制造业和进出口大国，双方中小企业数量众多并都致力于变革创新，中小企业合作具有广泛的利益交汇点和很强的互补性，前景十分广阔。中德中小企业合作交流会的举行，有利于推动中德中小企业携手并进、加强合作、创新发展。中德金属生态城及佛山市中德工业服务区加强体制机制创新，做好各项服务和配套，努力建设德国先进技术推广中心及先进的装备国产化中心，打造以德国为主、面向欧洲的中小企业创新合作平台。广东省将进一步深化与德国、西班牙等欧洲各国的开放和合作，一如既往地支持中德、中欧中小企业的务实对接，努力为德国和欧洲的先进中小企业来广东、来揭阳创新提供更好、更多、更优良的服务。

鉴于对德合作的突出成效，2015年工信部批准揭阳建立中德（揭阳）中小企业合作区，华南地区唯一的中德中小企业合作区得以诞生。该合作区目前已在德国、奥地利、西班牙、法国、捷克设立10个办事处，与德国工商大会、雇主协会、家族企业基金会、弗劳恩霍夫研究所等100多个欧洲行业协会和科研机构建立合作关系。揭阳市积极参与"一带一路"建设，积极落实《中德合作行动纲要》，创立了每年一届的中德（欧）中小企业合作交流会，推动与德国等欧洲国家中小企业在管理、技术、设备、资本、人才等领域务实合作，取得了积极成效。

揭阳实施对德合作引进型创新的主要做法为：一是创办引进型创新的承接平台；

二是创建引进型创新的前沿阵地;三是组建引进型创新的主体队伍;四是建立引进型创新的"朋友圈";五是打造引进型创新的载体。政府有作为,企业转型升级自然有干劲、有成效、有收获。

5.20.3 揭阳市创新能力分析

2016年揭阳市创新能力在全省排名第18名,对比2015年排名上升1名,见表5-27。分指标来看,揭阳市创新投入指标2016年全省第16名,较2015年上升1名;创新产出指标排名全省第17名,较2015年上升1名;产业升级指标排名全省第19名,较上年下降3名;产业创新环境排名全省第16名,较2015年上升4名。

表5-27 揭阳市创新能力指标排名

指标名称	2015年综合指标 指标值	2015年综合指标 排名	2016年综合指标 指标值	2016年综合指标 排名
综合值	11.03	19	12.41	18
1 投入	4.32	17	3.91	16
1.1 全社会研发经费支出与GDP之比	9.09	14	7.83	16
1.2 每万名就业人员中研发人员数量	4.68	16	2.36	16
1.3 规模以上工业企业研发经费支出占主营业务收入比重	1.82	20	2.72	19
1.4 知识产权专项经费投入	0.12	18	2.01	16
2 产出	4.01	18	4.89	17
2.1 万人有效发明专利拥有量	0.32	16	0.30	16
2.2 PCT专利申请数占全省PCT专利申请量的比重	0.08	12	0.08	12
2.3 高技术制造业增加值占规模以上工业比重	11.77	11	12.93	10
2.4 新产品销售收入占主营业务收入比重	4.51	20	7.68	18
2.5 单位规模以上工业企业拥有研发人员数量	0.93	20	0.0	21
3 产业升级	30.39	16	34.13	19
3.1 第三产业增加值占GDP比重	0.01	21	0.00	21
3.2 先进制造业增加值	3.34	12	2.82	12
3.3 单位GDP能耗增长速度	83.97	9	95.11	7
4 产业创新环境	10.68	20	12.54	16
4.1 科技支出占财政总支出比例	0.05	21	9.00	17
4.2 全员劳动生产率	31.78	7	28.57	9
4.3 科研机构数	7.69	11	6.86	11
4.4 每千人拥有的企业数	1.13	20	1.45	20

从具体指标排名看，创新投入方面，"知识产权专项经费投入"排名由2015年的第18名上升到2016年的第16名；创新产出指标方面"新产品销售收入占主营业务收入比重"由2015年的第20名上升到2016年的第18名；产业升级指标排名中"单位GDP能耗增长速度"由2015年的全省第9名上升至2016年的全省第7名，而"第三产业增加值占GDP比重"全省垫底；产业创新环境指标排名中"科技支出占财政总支出比例"由2015年的全省第21名上升至2016年的第17名，"全员劳动生产率"由2015年的全省第7名上升至2016年的第9名，"科研机构数"居全省第11名，产业创新环境在改善。

5.20.4 揭阳市主要企业及行业的创新活动分析

2016年广东省企业100强名单中，来自揭阳市的"康美药业股份有限公司"位列第79位，2015年营业收入达1806683万元。

康美药业股份有限公司（600518）成立于1997年，于2001年在上交所上市，是国内率先把互联网布局中医药全产业链、全面打造"大健康+大平台+大数据+大服务"体系的中医药全产业链精准服务型"智慧+大健康产业"大型上市企业及国家高新技术企业。公司现有总资产584亿元，净资产302亿元，近三年纳税约46亿元。位列中国企业500强、全球企业2000强、广东纳税百强，是上证50成分指数股，也是国内资本市场率先突破千亿市值的医药企业。

康美药业率先做出了多个方面的国家标准：制定中药饮片国家标准以及生产管理GMP、小包装、色标管理、炮制等国家标准；参与商务部中药材等级分类标准制定；承担编制和运营国家发改委批准、授权发布的全国中药材价格指数——康美·中国中药材价格指数；推出"实体与虚拟市场相结合"的中药材大宗交易平台，开创中药材交易新模式；承担编制400多项中医药编码的国家标准，助力实施统一的中药、中药方剂、中药供应链编码体系；成为国家信息化医疗服务平台试点单位，获批国家民营网络医院资质，并参与"互联网+"中药药事服务标准化研究。

康美药业积极参与国家医药卫生改革事业，打造了由网络医院、智慧药房、智慧养老、健康智库、健康管理、第三方支付和健康保险、社区健康、智慧养生等组成的"智慧+大健康"产业平台，积极探索中医药的传承与发展，在广州和北京设立康美药物研究院，拥有"国家企业技术中心"等17个国家及省部级研发平台和14个自主研发平台，已开展中药国际化、中药标准化等国家及省部级重大项目近百个，主持和参加制定国家、行业标准数十项，获批国家或国际组织认证的实验室3个，获得省级及以上科技奖励7项，是"国家技术创新示范企业"和"国家智能制造试点示范企业"。

率先打造的"智慧药房"模式,已在广东、北京、上海、成都等地全面推进落地,与广东省中医院、深圳市中医院、广州中医药大学第一附属医院、南方医科大学附属医院、中山大学附属医院、中国中医科学院广安门医院、北京中医医院、华西医院等170多家医疗机构签约,并与其他200余家医疗机构达成实质性的签约意向,建立起广州、深圳、北京、成都等多家城市中央药房,日处方量最高达20000张,累计处理处方已达250万张,服务门诊医生16000余人,服务患者约100万人。

2016年康美药业实现销售收入216亿元,同比增长达20%,利润约33亿元,同比增长超21%,上缴税收15亿元,同比增长6%,均位列行业前茅。

康美药业丰富的医疗资源为公司以互联网思维、技术,全面改造和升级传统医疗健康产业,打造具有卓越用户体验、覆盖全生命周期、一站式完整医疗服务闭环的移动健康管理大平台,奠定了坚实的基础。积极实施中医药全产业链战略。拟投入30亿元在深圳市全面打造"中医药创新之都",重点围绕建设中国宝安中医药文化交流中心、药品交易中心、大健康业务总部、康美中医药创新研究院、康美国医馆、"互联网+健康"平台等六大项目进行;投资50亿元全面参与重庆市公立医院改革、智慧医疗及智慧药房、医药物流延伸服务等大健康领域业务发展,助力重庆打造千亿级产值的医药支柱产业和"智慧+大健康"产业集群。

同时,康美药业全面拥抱"互联网+",创新商业模式。公司在中医药行业中率先把互联网深度布局全产业链,是国家中医药管理局信息化医疗服务平台试点单位,围绕"大健康+大平台+大数据+大服务"体系,以全产业链资源优势,积极探索中医药工业智能制造4.0,为数千万大众提供全方位就医服务;"掌上医院""康美医生"等移动医疗App实现全国3000多家医院线上挂号,近2万名医生在线医疗服务,开具电子处方数25万多张,拥有70多万名会员,服务覆盖人数达2.6亿多人。引进在医疗信息系统建设、数据分析、移动医疗等领域有资深经验的微软全球健康云专业团队,在北京、上海等地开展智慧养老业务;接入健康大数据资源,与新华网联合成立新华康美健康智库有限公司,打造中国权威的健康大数据平台,重点为政府决策、企业运营提供医药卫生健康方面的数据支持服务;积极进军健康保险和金融行业,与中国人保集团联手组建"金融租赁公司",申报中国中药材期货交易所,以此推动中医中药走向世界,增强国际市场的价格话语权;与广发证券组建"康美健康保险公司",全方位促进大健康产业保险服务发展;获得国家直销业务牌照,成为第二家涉足直销的上市药企;拥有"实体市场与虚拟市场"相结合的综合型医药贸易服务平台——康美药业中药材大宗交易平台(www.km518.cn),开设康美中药材交易所,推出影响全国中药材市场有序发展的康美·中国中药材价格指数,开设康美健康商城(www.

km1818.com）、康美医药网（www.kmb2b.com）、康美中药网（www.kmzyw.com.cn）；这些业务平台已经在国家发改委、国家中医药管理局、新华社和广东、吉林、安徽、甘肃、青海、广西、云南等国家单位和地方政府的指导、支持下，在北京、上海、广州、深圳、成都等全国20多个城市设立了分（子）公司、办事处，在华北、华东、华南、西南、东北等区域基本完成智慧+医药健康服务平台产业布局，建立起依靠网络医院平台的网络医院、智慧药房、智慧养老、健康智库、健康管理、第三方支付和健康保险等构建的互联网大健康平台，被列为国家中医药信息化医疗试点单位，获批国家网络医院资质，推动多项国家和地方政府批准的试点工程，与深圳合作推动六大医疗健康产业项目，打造"中医药创新之都"，全面布局"健康中国"战略，成为"健康中国"战略中国内率先定位提供精准服务的龙头企业。

公司现拥有中药饮片国家地方联合工程研究中心、国家中药饮片标准重点研究室，拥有广东省中药标准化技术委员会、广东省中药饮片工程技术研究开发中心、广东省中药饮片企业重点实验室、广东中药产业技术创新联盟等中药产业公共服务和技术创新支撑平台，建立了广东省企业技术中心、企业博士后科研工作站、广东省院士工作站。与中国中医科学院、广州中医药大学、青海大学等国内科研机构紧密合作，组建了陈可冀、王永炎等7位院士组成的专家委员会。成立康美药物研究院，承担了多个国家科技支撑计划项目，牵头组织申报的"三七等20种中药标准化项目"成功获得国家发改委和国家中医药管理批准立项，成为承担国家中药标准化项目品种最多的中药企业。拥有"国家企业技术中心"等17个国家及省部级研发平台和14个自主研发平台，已开展中药国际化、中药标准化等国家及省部级重大项目近百个，主持和参加制定国家、行业标准数十项，获批国家或国际组织认证的实验室3个，获得省级及以上科技奖励7项，是"国家技术创新示范企业"和"国家智能制造试点示范企业"。

5.20.5 揭阳市各主要政府部门的积极作为

揭阳市出台各项政策，着力加强制度建设，优化科技创新政策环境。以培育高新技术企业为目标，构建以企业成长为主线的"科技创新小微企业—高新技术培育入库企业—高新技术企业"全链条政策体系，强化企业创新的主体地位，鼓励有条件的高校、教育培训机构、创业服务机构、群团组织等开发针对不同群体、不同行业、不同阶段的创业培训（实训）项目，支持有条件的学校、创业孵化基地整合资源建设创业学院(校)。

揭阳经济发展、产业建设亟需高端科技人才团队，因此需要不断加大科技进步奖励力度，使优秀人才愿意来、留得住、用得好；另外，中德（揭阳）中小企业知识产权保护试验区建设对揭阳市的知识产权的保护与运用提出了更高的要求。

5.21 云浮市

5.21.1 云浮市创新现状描述

1. 国民经济和社会发展概况

2016年，云浮全市实现地区生产总值(GDP)778.28亿元，排名居广东省第21位，比上年增长9.1%，增速高于全国（6.7%）2.4个百分点，低于广东省（9.2%）0.1个百分点。2009—2016年云浮市地区生产总值占广东省的比重见图5-26，云浮市地区生产总值近年来占广东省比值低于1%，但有逐步上升的趋势。

2016年末常住人口数为248.08万人，人均生产总值31373元，排名广东省第18位，低于广东省平均水平（77785元）46412元，差距仍然较大。2016年解决就业人口134.15万人，位列广东省第17位；第三产业增加值299.36，位于广东省第21位。区域创新综合值为12.10，位于广东省第21位。总体而言，云浮市发展较广东省其他地市仍处于起步阶段，存在很大的发展空间。

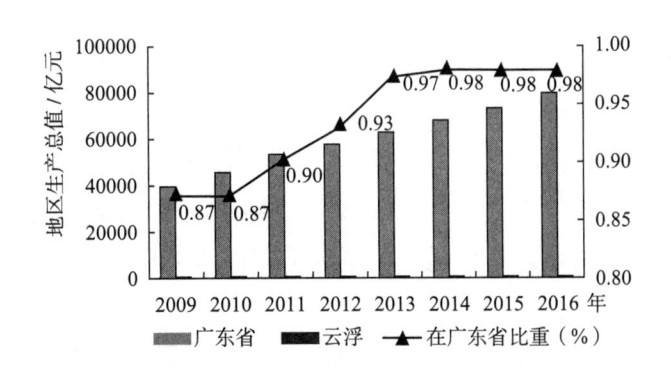

图5-26 2009—2016年云浮市地区生产总值增长及在广东省占比

资料来源：广东省统计年鉴2010—2017。

2016年实现规模以上工业增加值280.77亿元，比上年增长8.6%。先进制造业中，装备制造业增加值增长8.4%。石油及化学行业中，化学原料及化学制品制造业增长3.8%。优势传统产业增加值增长9.5%，其中纺织服装业增长8.9%，食品饮料业增长

6.6%，家具制造业增长12.9%，建筑材料增长10.2%，金属制品业增长7.4%，家用电力器具制造业增长29.7%。产业发展仍以优势传统产业为主。

2.科技发展情况

（1）科技发展统计。

云浮市2016年研发经费投入总额为3.94亿元，规模以上企业914家，规模以上企业研发经费内部支出额为2.63亿元，占全社会研发投入的66.59%。规模以上企业主营业务收入1036.58亿元，规模以上工业企业新产品销售收入19.95亿元。截至2016年年末，云浮市每千人拥有企业数5.20家，先进制造业增加值47.98亿元。

其他创新相关指标方面，云浮市获得国家科技计划项目3项，全市认定高新技术企业14家。2016年专利申请1488件，比上年增长62.5%，其中发明专利申请200件。

（2）创新模式。

云浮市把信息产业作为产业转型升级、提质增效发展的战略抓手，把招大引强、集群式发展作为加快信息产业发展的路径，主动向华为等信息科技等"大腕"级企业伸出橄榄枝，全力放大企业集群效应，提出了以发展信息产业为"新引擎"，提出力争五年内聚集百家以上云计算相关企业入驻云浮，聚合百亿以上产业链规模，勾勒出云浮"新硅谷"的战略发展目标。经过不懈努力，云浮市与华为公司签约合作建设云计算数据中心，规划建设"云谷"核心区启动项目，已成为华为云计算发展布局中的重要节点，广东唯一的二级节点，带动云计算及信息服务产业在云浮发展。

在推动现代生态城市建设进程中，云浮市组织开展云浮市生态控制线划定工作。深入分析市域生态资源现状，划定生态控制线，建立有利于生态保护与发展的生态红线管理体系；争创发展新机遇，开展高铁经济带规划的编制；统筹规划西江岸线资源；加强新城北湖启动区项目规划对接；以国家级森林公园的标准划定新城东山森林公园范围，推进公园规划设计；促进中心城区扩容提质，开展"三旧"改造规划编制工作。

科技创新为产业转型升级带来崭新成果。位于云浮新区的"两中心一基地"云浮创新设计中心、专业镇协同创新中心、广东工业大学云浮高新技术产业开发区博士后创新实践基地于2016年10月揭牌运作。"两中心一基地"发挥创新对企业的带动作用，发挥团队精神，帮助企业提升自主创新能力，提升核心竞争优势，加快创新成果转化，助力企业发展壮大。

5.21.2 云浮市创新能力评价

2016年云浮市创新生态全省排名第21位，连续两年排名广东省末位，各指标排名见表5-28。分指标分析，云浮市投入排名第18位，上升1位；产出排名第19位，上升1位；产业升级排名第18位，上升2位；产业创新环境依然排名第19位，提升15位。

从具体指标看，在投入方面，云浮市各子指标排名皆较为靠后，需要加强。在产出方面，高技术制造业增加值占规模以上工业比重在广东省内排名较其他指标靠前。在产业升级方面，单位GDP能耗增长速度指标上升15位，促使指标排名的上升。在产出创新环境方面，除每千人拥有的企业数外均出现小幅下滑，表明区域对创新的重视程度仍有待加强。

表 5-28 云浮市创新能力指标排名

指标名称	2015年综合指标 指标值	2015年综合指标 排名	2016年综合指标 指标值	2016年综合指标 排名
综合值	9.95	21	12.10	21
1 投入	2.23	19	2.83	18
1.1 全社会研发经费支出与GDP之比	2.99	18	5.63	17
1.2 每万名就业人员中研发人员数量	2.63	18	2.18	17
1.3 规模以上工业企业研发经费支出占主营业务收入比重	2.67	19	2.45	20
1.4 知识产权专项经费投入	0.06	19	0.30	20
2 产出	2.52	20	3.45	19
2.1 万人有效发明专利拥有量	0.17	17	0.25	17
2.2 PCT专利申请数占全省PCT专利申请量的比重	0.01	20	0.02	17
2.3 高技术制造业增加值占规模以上工业比重	10.65	13	11.53	12
2.4 新产品销售收入占主营业务收入比重	0.0	21	2.72	20
2.5 单位规模以上工业企业拥有研发人员数量	0.0	21	0.49	20
3 产业升级	22.17	20	37.25	18
3.1 第三产业增加值占GDP比重	14.09	19	10.39	19
3.2 先进制造业增加值	0.31	20	0.23	20
3.3 单位GDP能耗增长速度	49.00	18	95.84	3
4 产业创新环境	16.81	15	11.61	19
4.1 科技支出占财政总支出比例	26.20	9	14.08	12
4.2 全员劳动生产率	21.99	16	18.26	16
4.3 科研机构数	2.20	15	1.96	17
4.4 每千人拥有的企业数	9.12	17	8.00	17

5.21.3 云浮市主要企业的创新活动分析

1. 广东温氏食品集团股份有限公司

广东温氏食品集团股份有限公司（简称"温氏股份"）是位于云浮市的大型企业，位列2016年广东省百强企业第31位，创新专利在粤西地区显著。公司创立于1983年，现已发展成一家以畜禽养殖为主业、配套相关业务的跨地区现代农牧企业集团。2015年11月2日，温氏股份在深交所挂牌上市（股票代码：300498）。

温氏股份现为农业产业化国家重点龙头企业、国家级创新型企业。2015年，温氏集团入选2014年广东大型企业竞争力50强，排行第20。在广东省知识产权研究与发展中心与广东中策知识产权研究院联合发布的《2016年度广东省企业专利创新百强榜》中，温氏股份荣誉上榜，成为粤西地区唯一进入百强榜单的企业。现组建有国家生猪种业工程技术研究中心、国家企业技术中心、博士后科研工作站、农业部重点实验室等重要科研平台，拥有一支由十几名行业专家及66名博士为研发带头人、466名硕士为研发骨干的高素质科技人才队伍。

温氏集团一直以来非常重视依靠科技创新驱动企业发展，设立科技进步奖和专利奖，每年奖励总额近300万元，奖励人数超500人。通过激励政策，企业的专利数量由2012年前的29项增长到现在的429项，发明专利由10项增长到91项。2015年温氏股份获得省部级以上科技奖37项，授权专利184件，计算机软件著作权9项。同时，温氏股份积极利用互联网资源，成立"互联网+"工作领导小组，制定顶层设计方案，统筹推进EAS、物联网系统的深度开发与推广工作。

在人才培养方面，温氏股份与华南农业大学合作设立"温氏班"，2015级"温氏班"在温氏总部举行开班典礼，培养专业人才。

2. 罗定市丰智昌顺科技有限公司

罗定市丰智昌顺科技有限公司于2006年5月成立，由丰智碧全农业生物科技有限公司全资拥有，是一家集科研、生产为一体的农业新技术推广企业。公司坚持以科学技术进步为基础，以协调农业生态环境为目标，以优质、高效和食品安全为宗旨，旨在改善中国农业生态、发展永续农业。

公司2016年7月被云浮市科学技术局认定为"云浮市有机稻米深加工工程技术研究中心"，研究方向为有机稻米深加工技术及发酵工艺研发。2016年10月获批准成立"农业部稻米产品质量安全风险评估实验室罗定科技合作与创新研究工作站"。2016年10月获批准成立"中国有机稻米标准化生产创新发展联盟华南稻区指导与服务工作总部"。2016年10月获批准成立"广东省现代生态农业与循环农业工程技术研究中心罗定工作站"。2016年10月获批准成立"华南农业大学资源环境学院实践教学基地"。2016年12月获认定广东省2016年第三批高新技术企业。

公司长期与高校和科学院所合作，几年来，校企合作项目取得了突破性进展。目前，"亚灿米"已深入制酒、调味品、冷饮、日用品、休闲食品和微生物等行业，"亚灿米"产业化发展已逐步形成。

5.21.4 云浮市各主要政府部门的积极作为

云浮市政府重视创新在城市发展中的作用，积极促进云浮新区建设，鼓励企业创新行为，通过建设孵化器及工业园区促进地区创新产生，并积极推动科技成果转化。政府结合地区发展实际，推出了一系列促进创新科技奖励的方法。此外，政府发展云计算大数据产业来适应经济新常态，同时结合云浮实际，选择从"接地气"的领域出发，把服务外包、电商等领域的产业摆在更加突出的位置。

5.21.5 小结

近年来，云浮市作为全省发展速度较快的城市之一，发展速度持续较快增长，发展质量不断提高，但地区创新发展相较广东省其他地市仍处于起步阶段，城市发展规划仍以统筹城乡建设、提高城镇化水平为主。云浮市发展可依靠周边地市，如与佛山市产业共建，同时立足当地药业、肉桂、稻米等现有产业的基础和品牌优势，以科技创新提升品牌效应；全力推进广东药科大学云浮校区建设，以产学研结合推动产业创新。同时政府应重视创新在城市发展中的作用，积极鼓励企业创新行为，建设孵化器，工业园区等促进地区创新产生。